WERTE-INDEX 2012

Der Werte-Index 2012 analysiert die User-Diskussion im deutschen Web sowohl quantitativ als auch qualitativ. Er zeichnet ein differenziertes Bild davon, welche Bedeutung welche Werte in den Augen der User haben. Darüber hinaus zeigt er Unternehmen, wie sie diese Werte in ihrer Praxis anwenden und umsetzen können. Denn Werte werden für Unternehmen zum primären Unterscheidungsmerkmal. Sie sind die Basis für Vertrauen und die Voraussetzung für Resilienz. Für Unternehmen und Konsumenten gilt es einmal mehr zu teilen. Dieses Mal sind aber nicht Daten oder Ideen gemeint – dieses Mal geht es um die Vorstellungen von einer besseren Welt.

2012		WERT	2009
1	→	**Freiheit**	1
2	↗	**Familie**	3
3	↗	**Gesundheit**	4*
4	↗	**Gemeinschaft**	10
5	→	**Sicherheit**	4*
6	↘	**Erfolg**	2
7	↗	**Anerkennung**	8
8	↗	**Gerechtigkeit**	9
9	↘	**Natur**	6
10	↘	**Einfachheit**	7
11	→	**Ehrlichkeit**	11
12	−	**Transparenz**	−

*Doppelbelegung

Verlag:
New Business Verlag GmbH & Co. KG
Nebendahlstraße 16, 22041 Hamburg
Geschäftsführer: Peter Strahlendorf
Telefon: +49 (0) 40 60 90 09-0, Fax: +49 (0) 40 60 90 09-15
edition@new-business.de
Projektkoordination: Eva Wienke

Herausgeber:
Peter Wippermann (V.i.S.d.P.)
Trend Büro – Beratungsunternehmen für gesellschaftlichen Wandel B.G.W. GmbH, Hohe Brücke 1, 20459 Hamburg
Telefon: +49 (0) 40 37 47 97-11, Fax: +49 (0) 40 36 97 78-10
www.trendbuero.com
p.wippermann@trendbuero.com

Jens Krüger
TNS-Infratest GmbH
Borselstraße 20, 22765 Hamburg
Telefon: +49 (0) 40 441 190, Fax: +49 (0) 40 441 19-130
jens.krueger@tns-infratest.com

Wissenschaftliche Beratung: Prof. Dr. Norbert Bolz,
Technische Universität Berlin

Redaktion: Maria Angerer, Franz-Josef Kilzer
Autoren: Maria Angerer, Franz-Josef Kilzer und Dirk Bathen,
Susanne Klar, Katharina Michalski
Lektorat: Uta Kleimann
Art-Direktion: Jürgen Kaffer
Layout: Maja Nieveler, Stefan Mosebach
Artwork: Yang Liu

Das Werk einschließlich aller seiner Teile ist urheberrechtlich geschützt. Jede Verwendung außerhalb der engen Grenzen des Urhebergesetzes ist ohne Zustimmung des Herausgebers unzulässig und strafbar. Dies gilt insbesondere für Vervielfältigungen, Übersetzungen, Mikroverfilmungen und die Einspeicherung und Verarbeitung in elektronische Systeme.

Alle Rechte vorbehalten.
Druck: Lehmann Offsetdruck, Norderstedt
Printed in Germany
ISBN: 978-3-936182-29-3

INHALT

- **3** Werte-Index-Ranking
- **6** Vorwort
- **8** Executive Summary

Werte:
- **16** Freiheit
- **26** Familie
- **36** Gesundheit
- **46** Gemeinschaft
- **56** Sicherheit
- **66** Erfolg
- **76** Anerkennung
- **86** Gerechtigkeit
- **96** Natur
- **106** Einfachheit
- **116** Ehrlichkeit
- **126** Transparenz
- **136** Social-Media-Analyse
- **138** Untersuchungsmethodik
- **141** Glossar
- **143** Projektpartner

PETER WIPPERMANN

Trendbüro

Als im Herbst 2008 die Arbeit zur ersten Auflage des Werte-Index 2009 begann, brachen gerade die Finanzmärkte zusammen. Eine Krise folgte der anderen, und mittlerweile ist die Krise zum Dauerzustand geworden. Alles wird unberechenbarer, jammern die Ängstlichen. Die Gestalter akzeptieren die Komplexität unserer Zeit und konzentrieren sich auf die Chancen, die sie bietet.

Wo die Kontrolle aufhört, beginnt das Vertrauen. Vertrauen wird zum entscheidenden Erfolgskriterium unternehmerischen Handelns. Es entsteht, wo Werte geteilt werden. Für Unternehmen geht es darum, die Idee, warum das Unternehmen überhaupt existiert, mit den Ideen und Wünschen von Konsumenten zusammenzubringen. Wo sich beide treffen, entsteht ein Knoten und eine Festigkeit in Netzwerken, die aus gemeinsamem Wollen besteht. Die meisten Unternehmen wissen gar nicht, warum sie abseits von Profitzielen existieren. Laut einer aktuellen Studie des Hernstein-Management-Instituts haben über die Hälfte der Unternehmen keine Werte definiert – weder in ihrem Führungsleitbild noch in ihrer Vision oder ihrer Mission. Das ist nicht mehr gut genug.

Verbünde dich mit denen, die deine Ideale teilen.

Wer handlungsfähig bleiben will, muss wissen, wofür er steht, wohin er will und warum sich der Weg lohnen wird. Nur so können Kooperationen erfolgreich sein. Menschen wollen ihr Leben gestalten, nicht als Verbraucher bloß Teilaspekte möglichst schnell befriedigen. Gelebte Werte und die Gestaltung von Vertrauen werden zu Schlüsselaufgaben des gesamten Unternehmens. Unternehmenswerte werden wichtiger als die Markenkommunikation.

Der Werte-Index 2012 analysiert nicht nur, welche Rolle bestimmte Werte im Leben und im Mind-Set deutscher Internet-User spielen. Er zeigt auch Veränderungen auf und bietet konkrete Strategien an, wie Unternehmen auf sie reagieren können. So wird es möglich, den eigenen Unternehmenswerten treu zu bleiben und gleichzeitig die Verbindung zum Kunden nicht zu verlieren. Ich wünsche Ihnen viele Anregungen beim Lesen und freue mich auf den Dialog auf www.werteindex.de!

JENS KRÜGER
TNS Infratest

Gesellschaftliche Werte sollen das Zusammenleben regeln und geben dem Einzelnen Orientierung. Sie prägen das menschliche Miteinander ebenso wie unser Verhältnis zur Umwelt.

Werte sind aber nicht statisch, sie werden gelebt und verändern sich permanent. Sie werden von Subkulturen unterschiedlich interpretiert und mit Leben gefüllt. Dieses grundsätzliche Verständnis ist sicher nicht neu, aber es erreicht aktuell eine andere Dimension.

Wir leben in einem Jahrzehnt der großen Umbrüche.

Wirtschaftskrise, Energiekrise und Gesundheitskrise sind Ausdruck eines gesellschaftlichen Wandlungsprozesses, der nicht zuletzt durch neue Möglichkeiten der Partizipation des Einzelnen über die sozialen Medien eine noch nie da gewesene Dimension erhält.

Stuttgart 21 und die aktuelle Diskussion zum Atomausstieg, der einige Unternehmen zum radikalen Umdenken bewegt – dies sind nur einige wenige Beispiele, die die neue Macht der Konsumenten dokumentieren. Die Dynamik der Werte und ihre Metamorphosen werden durch die gegenwärtige Qualität und Quantität öffentlicher Debatten zunehmend beschleunigt. Dies belegt der aktuelle Werte-Index.

Diese Umbrüche sind die Vorboten eines beschleunigten gesellschaftlichen Wertewandels.

Die Kenntnis um diesen Wandlungsprozess bzw. seine Geschwindigkeit ist für Unternehmen nicht allein nur spannend, sondern zukünftig überlebensnotwendig. Denn Unternehmensleitbilder, die sich immer mehr an sich wandelnden gesellschaftlichen Werten orientieren müssen, werden in Zukunft über den Erfolg oder Misserfolg von Marken und Unternehmen entscheiden. In diesem Kontext ist der Werte-Index die neue Leitwährung.

EXECUTIVE SUMMARY

Der Werte-Index 2012 zeigt, wie häufig und in welchen Kontexten zwölf grundlegende Werte im deutschsprachigen Web besprochen werden. 52,7 Millionen Bundesbürger ab 14 Jahre waren im Untersuchungszeitraum 2011 aktive Internet-Nutzer (74,7 Prozent). Damit sind die Ergebnisse des Werte-Index aussagekräftig für den Wertewandel in Deutschland. Basierend auf der ersten Erhebung des Werte-Index im Jahr 2009, können wichtige Veränderungen erkannt und Schlüsse gezogen werden. Darüber hinaus zeigt er, wie Unternehmen auf diese Veränderungen reagieren können.

2012		WERT	2009
1	→	Freiheit	1
2	↗	Familie	3
3	↗	Gesundheit	4*
4	↗	Gemeinschaft	10
5	→	Sicherheit	4*
6	↘	Erfolg	2
7	↗	Anerkennung	8
8	↗	Gerechtigkeit	9
9	↘	Natur	6
10	↘	Einfachheit	7
11	→	Ehrlichkeit	11
12	-	Transparenz	-

* Doppelbelegung

Der wichtigste Aufsteiger ist der Wert „Gemeinschaft"

Angesichts einer unsicheren Zukunft, in der staatliche Institutionen immer weniger Sicherheit bieten, wird der Rückhalt verstärkt in übersichtlichen Gemeinschaften und Netzwerken Gleichgesinnter gesucht. Auch die Werte „Familie" und „Gesundheit" konnten ihre guten Platzierungen aus 2009 weiter verbessern. Die Familie markiert einen Ort von Wärme, Ruhe und Geborgenheit in einer komplexen, leistungsorientierten Welt. Als solche wird sie zum wichtigen Wunschbild, das in der Wirklichkeit immer schwerer umgesetzt werden kann.

Den deutlichsten Abstieg verzeichnet der Wert „Erfolg"

Klassischer ökonomischer Erfolg wird in unsicheren Zeiten gegenüber persönlichen Zielen und dem eigenen Wohlbefinden unwichtiger. Einen ebenfalls deutlichen Abstieg erfuhr der Wert „Natur". In Krisenzeiten rücken individuelle Interessen gegenüber altruistischen Zielen stärker in den Mittelpunkt. Nichtsdestoweniger suchen die User die Verantwortung gegenüber der Natur vor allem bei sich selbst.

Der Wert „Freiheit" bleibt an der ersten Stelle

Der Wert „Freiheit" steht für gelebte Individualität, deren Rahmen gemeinsam mit technischen und ökonomischen Möglichkeiten beständig erweitert wird. Freiheit wird aber auch zunehmend als Wunsch nach Unabhängigkeit von übergeordneten, undurchsichtigen Strukturen wie staatlichen Einrichtungen oder Finanzmärkten interpretiert.

Steigende Komplexität, Misstrauen in die Eliten und zunehmende Eigenverantwortung prägen die Werte-Diskussion

Hyperkomplexität und Unberechenbarkeit machen alltägliche Entscheidungen schwierig und langfristige Lebenspläne unmöglich. Die in den letzten Jahren ins öffentliche Bewusstsein gelangten Praktiken, Affären und Skandale haben das Misstrauen in die gesellschaftlichen Eliten aus Politik und Wirtschaft verstärkt. Der politischen Führung wird nicht zugetraut, für zukunftsfähige Strategien und eine effektive soziale Absicherung zu sorgen. Die Verantwortung für das individuelle und globale Schicksal wird auf den Einzelnen verschoben.

Vertrauen wird zum wichtigsten Entscheidungskriterium. Trust-Design ersetzt Emotional Design

Werte werden zum wichtigsten Medium zwischen Unternehmen und Kunden. Konsumenten werden immer kritischer. Sie sind sich ihrer vielfältigen, teils widersprüchlichen Interessen als Kunde, Mitarbeiter, Familienmensch, Bürger und Shareholder bewusst. Ein einseitiger Marken- und Produktfokus auf Ästhetik oder Funktionalität reicht nicht mehr aus. Es geht um die gemeinsame Vorstellung eines guten Lebens und einer besseren Welt.

Geteilte Werte ersetzen Wertsteigerung als Unternehmensziel

Die Gewinnmaximierung ist nicht mehr alleiniger Sinn unternehmerischen Handelns, sondern dessen Folge, wenn soziale und ökologische Ziele erreicht werden. Werte sind eine Frage der gesamten Unternehmensstrategie und nicht Aufgabe einer einzelnen Abteilung. Konkrete Wertvorstellungen und entsprechende Verhaltensweisen müssen im Unternehmen und im gesamten Unternehmensumfeld implementiert werden.

Unternehmerische Resilienz setzt gelebte Werte voraus

Resilienz beschreibt die Fähigkeit, trotz ständig wechselnder Herausforderungen und Rahmenbedingungen handlungsfähig zu bleiben. Werte bilden eine Konstante, die es erlaubt, größtmögliche Flexibilität zu leben, ohne sich zu verleugnen. Für Unternehmen gilt es, für bestimmte Werte zu stehen, diese aber immer wieder neu aufzuladen, um auf veränderte Kundenwünsche und -bedürfnisse richtig zu reagieren.

EXECUTIVE SUMMARY

HERAUSFORDERUNGEN UND STRATEGIEN FÜR DEN EINZELNEN

Angesichts einer chaotischen Welt, die gefühlt führungslos unterwegs in eine unberechenbare Zukunft ist, orientiert sich der Einzelne an sich selbst und seinen Freunden. Egal ob es um die Werte „Gemeinschaft", „Gesundheit" oder „Transparenz" geht, der Bürger und Konsument zeigt sich engagierter denn je, selbst zu gestalten, selbst die Kontrolle zu behalten. Er hat sich nicht in ein Schneckenhaus zurückgezogen. Er agiert individuell oder im Zusammenschluss mit Gleichgesinnten, hat aber die Welt dabei fest im Blick.

Resilienz: Die Fähigkeit, trotz ständig wechselnder Herausforderungen und Rahmenbedingungen handlungsfähig zu bleiben, wird Individuen und Unternehmen abverlangt. Es bedeutet, sich der Umwelt anpassen zu können, ohne sich zu verleugnen. Dazu ist ein starkes Bewusstsein für eigene Identität, Ziele und Wertvorstellungen notwendig: Wofür stehe ich? Was ist mir wichtig? Was will ich erreichen? Andererseits erfordert es Flexibilität und Empathie. Denn Resilienz meint auch das Zusammenspiel zwischen einem Akteur und seinem Umfeld: Wie reagiere ich auf Veränderungen? Wo empfiehlt sich Anpassung und wo Kooperation?

Die Grenzen der Selbstoptimierung sind erreicht.

Den ständig steigenden Anforderungen unserer Umwelt in Form der steten Optimierung unseres Selbst bedingungslos zu folgen – immer fitter, klüger, leistungsfähiger, verfügbarer zu sein – bringt den Einzelnen an seine psychischen und physischen Grenzen. Angesichts einer ungewissen Zukunft gilt es, langfristig mit den eigenen Energien hauszuhalten und sorgfältig abzuwägen, wie sie effizient und effektiv eingesetzt werden können. Die aktive Arbeit an sich selbst ist aufwendig und verspricht nicht für jedes Ziel den optimalen Ertrag. In manchen Situationen ist es die beste Strategie, sich nicht auf sich selbst, sondern auf andere, denen man vertraut, zu verlassen, ob in Fragen der Geldanlage oder der Wahl des richtigen Arztes. In manchen Situationen gilt es, den Lauf der Zeit und der Welt und auch andere Menschen für sich arbeiten zu lassen, weil jede eigene Anstrengung vergeudete Energie wäre.

Resilienz wird zur Schlüsselfähigkeit.

Vier Strategien, mit denen sich das Individuum für die Zukunft rüstet:

➡ **„No stream" – Schließung:** Der bewusste Rückzug in die Intimität der Familie, der engsten Freunde oder einfach nur sich selbst gibt Energie, weil die meisten Menschen hier ihre zentralen Werte verwirklichen können. In Pausen, in denen man auf die Welt draußen nicht reagieren muss, können die eigenen Ressourcen regeneriert werden.

➡ **„Mainstream" – Öffnung:** Experimentierfreudig gegenüber Innovationen zu sein oder einfach einmal das zu machen, was alle machen, zeigt neue Chancen auf und ebnet den Weg für unerwartete Begegnungen. Eine wertvolle Basis für spätere aktive Gestaltungsmöglichkeiten entsteht.

➡ **„Upstream" – Selbstoptimierung:** Die Verbesserung der eigenen Ausgangsposition ist und bleibt wichtig. Selbstvertrauen und Selbstsicherheit brauchen eine Basis. Mit Blick auf die Welt werden Anforderungen identifiziert, für die man sich so gut als möglich rüstet.

➡ **„Microstream" – Abkopplung:** Die Entkopplung von den Abhängigkeiten eines fragilen globalen Systems bedeutet eine höhere Berechenbarkeit und Planbarkeit für den Einzelnen. In kleinen lokalen Zusammenschlüssen oder virtuellen Vertrauensgemeinschaften gibt jeder, was ihm am leichtesten fällt – Know-how, Arbeit, Zeit, Geld.

	Harmonie	
MICROSTREAM „Sicherung des Status quo" „Stabilisierung" Autarkie, DIY, Selbstversorger, Organisation in lokalen Communities		**NO STREAM** „sich sammeln" „auftanken" Wellness, Familienzeit, Staying-in…
Kontrolle		Lust
UPSTREAM „Expansion" „Chancen umsetzen" Selbstoptimierung, Health-Style, Performance-Steigerung…		**MAINSTREAM** „Chancen" „offen sein" Neues ausprobieren: technische Gadgets, Lebensstile, Moden…
	Konflikt	

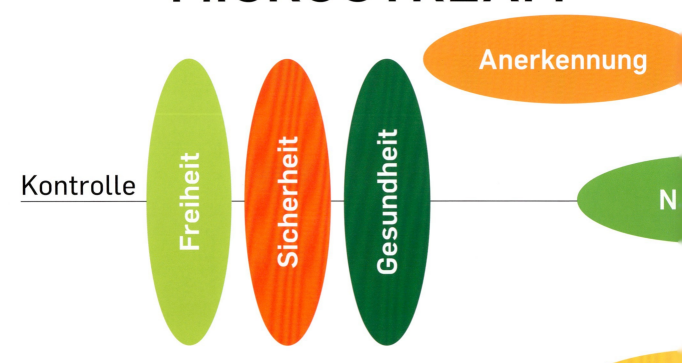

nonie

Familie

NO STREAM

Gerechtigkeit

ur   Lust

hheit

MAINSTREAM

arenz

Ehrlichkeit

flikt

EXECUTIVE SUMMARY

HERAUSFORDERUNGEN UND STRATEGIEN FÜR UNTERNEHMEN

In der Netzwerkökonomie sorgen nicht mehr Hierarchien für Kontinuität und Planbarkeit, sondern die Qualität von Beziehungen. Gute Partner und Mitarbeiter zu finden und zu halten und selbst ein guter Partner zu sein werden zu Schlüsselfähigkeiten. Vertrauen wird zur entscheidenden Ressource. Gemeinsame Werte sind die idealen Voraussetzungen dafür. Werte sorgen für attraktive und belastbare Beziehungen. Sie schaffen gemeinsame Ziele, die alle Partner – egal wie unterschiedlich sie sein mögen – Netzwerke bilden lässt. Damit bieten sie auch die Voraussetzung für Resilienz, die Fähigkeit, trotz ständig wechselnder Rahmenbedingungen handlungsfähig zu bleiben. Werte ermöglichen eine solche Flexibilität und Dynamik, ohne die Orientierung zu verlieren.

Shared Values ersetzen Shareholder-Value.

In der Netzwerkökonomie gewinnt der, der sich um das Wohlergehen seiner Peers sorgt. Unternehmen müssen sich die Ziele ihrer Partner zu ihren eigenen machen. Harvard-Ökonom Michael Porter hat dafür das Konzept des „Creating Shared Value" entwickelt: Hier wird die Profit-Rechnung des Unternehmens um die soziale und ökologische Wertschöpfung erweitert. Nicht der Gewinn allein, sondern die Erreichung ökologischer und sozialer Ziele gehen gleichermaßen in die Erfolgsbilanz von Unternehmen ein: Profit, People und Planet. Die Berücksichtigung des gesellschaftlichen Wohls ist nicht als Einschränkung zu verstehen, sondern im Gegenteil als Erweiterung der unternehmerischen Möglichkeiten. Durch die Brille des Shared Value tun sich Geschäftsfelder dort auf, wo man vorher nur Probleme wahrnahm: wo Mitarbeiter unzufrieden sind; wo Ressourcen zu knapp oder zu teuer werden; oder wo Menschen zu arm sind, um als Zielgruppe zu gelten.

Aus Kunden und Stakeholdern werden Partner.

Als Partner zu begreifen ist zunächst der Kunde, der so kritisch, engagiert und selbstbewusst ist wie nie. Dieser Kunde weiß genau, was er will oder nicht will. Seine Autonomie und Selbstständigkeit genießen oberste Priorität. Er ist sich seiner unterschiedlichen, teilweise widersprüchlichen Interessen als Konsument, Mitarbeiter, Bürger und Shareholder bewusst. Und er ist entschlossen, sie so gut als möglich zu vereinen. Auch Mitarbeiter, Geschäfts- und Kooperationspartner sowie das lokale, soziale und politische Umfeld der Unternehmenstätigkeit gilt es als Partner zu begreifen. Werte sorgen für die langfristige Motivation aller Beteiligten, für deren Commitment und eine gemeinsame Ausrichtung unterschiedlicher Lösungsansätze. Gelebte Werte schaffen eine verlässliche Basis, die die Transaktionskosten erheblich senkt und die Möglichkeiten für gemeinsame Innovation merklich erweitert.

Werte-Management ist keine Abteilung.

Es geht um gelebte Unternehmenswerte, die an jedem Touchpoint mit jedem Netzwerkpartner gelebt werden. Employer-Branding und Stakeholder-Management werden wichtiger. In dieser Perspektive ist entscheidend, dass jeder Mitarbeiter die Werte des Unternehmens teilt und lebt. Werte sind der Quellcode, mit dem jeder autonom agieren und individuell leben kann.

Jeder Mitarbeiter wird zum Markenbotschafter.

Mitarbeiter sind Repräsentanten der Unternehmens- und Markenkultur. Das gilt von der Vorstandsebene bis zum Filialmitarbeiter. Für Marken geht es nicht mehr um die Aufmerksamkeit, sondern die Anerkennung der Konsumenten. Diese erzielt man nur mit authentischem Handeln. Die Zeiten, in denen man dem Konsumenten etwas vormachen konnte, sind vorbei. Ästhetische Perfektion verliert an Wichtigkeit. Trust-Design – die Gestaltung von Vertrauen – wird zur Schlüsselaufgabe des gesamten Unternehmens.

ORGANISATION	HIERARCHIE	NETZWERK
WÄHRUNG	AUFMERKSAMKEIT	ANERKENNUNG
ZIEL	PRODUKT	BESSERE WELT
ZIELGRUPPE	KONSUMENT	MENSCH
STAKEHOLDER	INTERESSENGRUPPEN	PARTNER
MARKE	MARKETING	JEDER MITARBEITER
TONALITÄT	ENTERTAINMENT	EMPOWERMENT
PR-STRATEGIE	TAKTIK	TRANSPARENZ
MARKETING ALS ...	SCHEIN	SEIN
GEMEINWOHL ALS ...	EINSCHRÄNKUNG	CHANCE

© Yang Liu Design

FREIHEIT

Stabilität und Sicherheit: Diese Grundlagen der Freiheit wurden bisher von etablierten institutionellen Strukturen geliefert. Doch auf den Staat ist kein Verlass mehr. **Freiheit bedeutet heute nicht mehr freie Auswahl oder mehr Individualität, sondern Autonomie.** Wer kann, macht sich unabhängig. **Unternehmen** können dabei Unterstützung bieten.

2012 auf Platz: 2009 auf dem 1. Rang.

TRENDPERSPEKTIVE
FREI GEWÄHLTE GEMEINSCHAFTEN STATT HIERARCHIEN

Freiheit als Individualität

In der westlichen Gesellschaft wurde in den letzten dreißig Jahren Freiheit mit Individualität gleichgesetzt. Der kontinuierlich zunehmende Wohlstand ermöglichte es, jede Facette des eigenen Selbst durch den entsprechenden Konsum von Produkten oder Erlebnissen zu unterstreichen. Sich frei zu fühlen stand im Vordergrund und bedeutete vor allem die freie Auswahl. Seit den Krisen der letzten Jahre ist jedem klar, dass das Wachstumsprinzip außer Kraft gesetzt ist. Die Gewissheit, dass alles wie von selbst immer besser wird, gibt es nicht mehr.

Freiheit als Unabhängigkeit

Bislang haben institutionelle Strukturen für Stabilität und Sicherheit – die Grundlage für Freiheit – gesorgt. Diese erweisen sich in hochdynamischen Zeiten zunehmend als ineffizient. Sie kosten mehr, als sie leisten. Das Festhalten

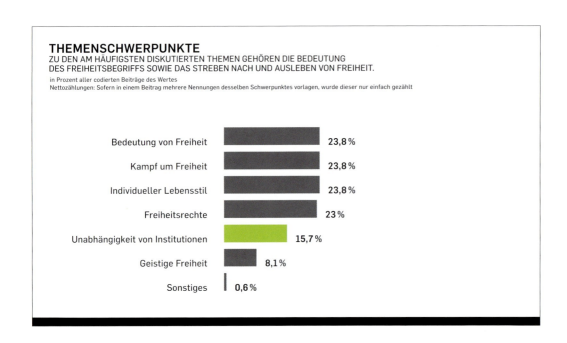

THEMENSCHWERPUNKTE
ZU DEN AM HÄUFIGSTEN DISKUTIERTEN THEMEN GEHÖREN DIE BEDEUTUNG DES FREIHEITSBEGRIFFS SOWIE DAS STREBEN NACH UND AUSLEBEN VON FREIHEIT.

in Prozent aller codierten Beiträge des Wertes
Nettozählungen: Sofern in einem Beitrag mehrere Nennungen desselben Schwerpunktes vorlagen, wurde dieser nur einfach gezählt

Bedeutung von Freiheit	23,8 %
Kampf um Freiheit	23,8 %
Individueller Lebensstil	23,8 %
Freiheitsrechte	23 %
Unabhängigkeit von Institutionen	15,7 %
Geistige Freiheit	8,1 %
Sonstiges	0,6 %

an diesen Strukturen macht unbeweglich. Statt Sicherheit drohen Abhängigkeit und Abstiegsängste. Ein neues Verständnis von Freiheit wird deshalb wichtiger: Unabhängigkeit. Die Abkoppelung von Staat, Arbeitgeber und Konsum wird attraktiver. Heute geht es darum, selbst über sich zu bestimmen und sich nicht in die Zwänge anderer zu begeben.

Freiheit und Sicherheit vereinbaren

Die Devise lautet: durch Selbstverwirklichung und Autonomie Sicherheit finden und vice versa. Statt in hierarchische Abhängigkeiten begibt man sich in frei gewählte Gemeinschaften. Gleichgesinnte genießen mehr Vertrauen, bei der Realisierung eigener Lebensziele Unterstützung zu bieten. Mit Pragmatismus bringt man Freiheit und Sicherheit in das für einen selbst und die Situation richtige Verhältnis. Die Eigenverantwortung wächst. Gefordert sind Risikobereitschaft, Belastungsfähigkeit, Flexibilität und Selbstsicherheit. Freiheit hat nichts mehr mit Unbeschwertheit zu tun, sondern ist das Ergebnis überlegten Handelns.

Unabhängigkeit und Freiheit ermöglichen

Unternehmen sind gefordert, ihre Kunden bei der Balance von Freiheit und Sicherheit, Unabhängigkeit und Stabilität zu unterstützen. Einerseits will der Konsument sich selbst entfalten. Andererseits weiß er, dass er das nicht allein schaffen kann. Er benötigt andere für Know-how, Hilfe und Kontakte – aber auf Augenhöhe, ohne das Gefühl, ausgeliefert zu sein. Unternehmen sind gefordert, die Rolle der Ermöglicher, Sparringspartner und Vernetzer einzunehmen, um so zum steten Begleiter in Unabhängigkeit und situativer Intelligenz werden zu können.

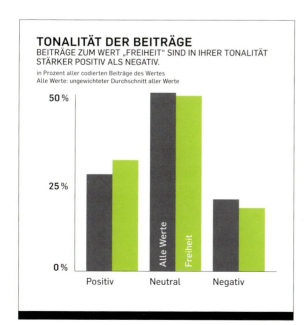

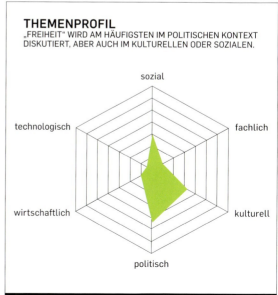

THEMEN
FREIHEIT UND SICHERHEIT, REGULIERUNG UND BALANCE

1. Bedeutung von Freiheit

Zentral diskutiertes Thema ist die Bedeutung des Freiheitsbegriffs. Sie wird auf einer abstrakt-theoretischen Ebene ausgehandelt. Die wesentliche Bedeutungsfacette von Freiheit ist die **Erlaubnis, alles tun und lassen** zu dürfen. Das führt zu der Schlussfolgerung, dass es diese Art der Freiheit nicht gibt und nicht geben darf. Freiheit müsse **staatlich reguliert** sein, damit nicht Chaos und Anarchie diese gefährden. Die Auseinandersetzung über Freiheit als **freien Willen** resultiert in der Erkenntnis, dass dieser im Grunde nicht existiert und dass alle Erklärungsansätze dazu sich höchstens ergänzen.

→ „ein mensch ist dann wirklich frei, wenn er tun und lassen kann, was er will."

Diskussionen über **Freiheit als Wert** führen zu einer **Gegenüberstellung von Freiheit und Sicherheit**. Auslöser sind Beschlüsse zur **Datensicherheit und Vorratsdatenspeicherung**. Freiheit als Grundwert der politischen Parteien steht aus Sicht der User im Widerspruch zur Schaffung einer Infrastruktur für die

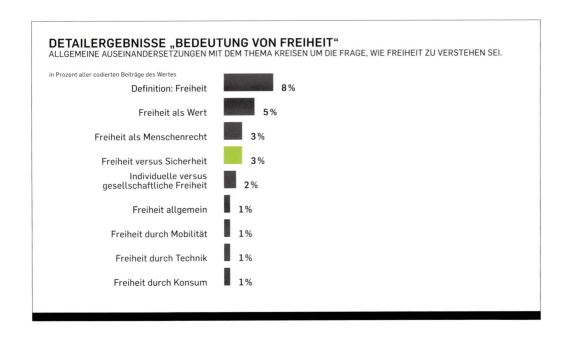

DETAILERGEBNISSE „BEDEUTUNG VON FREIHEIT"
ALLGEMEINE AUSEINANDERSETZUNGEN MIT DEM THEMA KREISEN UM DIE FRAGE, WIE FREIHEIT ZU VERSTEHEN SEI.

in Prozent aller codierten Beiträge des Wertes

Definition: Freiheit	8 %
Freiheit als Wert	5 %
Freiheit als Menschenrecht	3 %
Freiheit versus Sicherheit	3 %
Individuelle versus gesellschaftliche Freiheit	2 %
Freiheit allgemein	1 %
Freiheit durch Mobilität	1 %
Freiheit durch Technik	1 %
Freiheit durch Konsum	1 %

Zensur von Internet-Inhalten. Die User äußern sich gegen die **Überwachung in Staat und Gesellschaft:** Sicherheit darf nicht auf Kosten der Freiheit hergestellt werden. Ein weiteres Gesprächsthema ist die **individuelle Freiheit.** Es herrscht die Einsicht, dass die Freiheit des Einzelnen dort aufhört, wo die des anderen anfängt. Sie ist daher nicht immer mit der Gemeinschaft vereinbar. Insbesondere das Rauchverbot wird als eine Einschränkung der persönlichen Freiheit gewertet, jedoch der Nutzen für das Gemeinwohl als wichtiger eingestuft.

2. Kampf um Freiheit

Der Kampf für die Freiheit ist nicht nur legitim, sondern vor allem ehrbar – diese Aussage durchzieht zahlreiche Diskussionen, die sich mit den **Protesten in Ägypten und Tunesien** beschäftigen. In diesem Kontext wird die Rolle der westlichen Staaten kritisiert. Die auf Freiheit beruhende **Wertegemeinschaft** hat aus Sicht der User durch ihre passive Haltung versagt. Da jeder ein **Recht auf Freiheit** habe, gelte es, das Freiheitsstreben zu unterstützen.

> ➝ „der wunsch der jungen ägypter ist, genauso frei zu leben wie gleichaltrige im westen."

Des Weiteren beschäftigt die User das Thema **Freiheitsberaubung,** in dessen Kontext sie die Freilassung der im Iran entführten Reporter der „Bild am Sonntag" sowie die Verhaftung des Wettermoderators Kachelmann diskutieren. Aus ihrer Sicht ist eine gewaltsame Entführung genauso ein **Unrecht** wie die vermeintliche Verletzung der Persönlichkeitsrechte durch das deutsche Justizsystem.

Das **Austarieren von Freiheit und Sicherheit** in der **Kindererziehung** ist ein weiteres Schwerpunktthema. Es wird angemerkt, dass eine über-

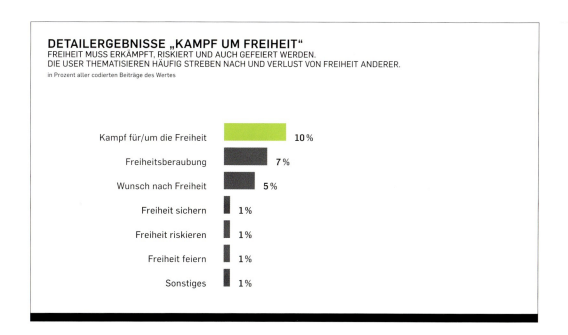

triebene Fürsorge der Mutter der **Selbstentfaltung des Kindes** im Wege stehen kann. Damit das Kind seine Umgebung frei erkunden kann, gilt es für die Mutter, loszulassen und ihre **Angst** zu überwinden.

3. Individueller Lebensstil

Freiheit leben heißt, **frei entscheiden** zu können – das ist die Quintessenz der Diskussionen, in denen es sowohl um die Wahl des **Lebensstils**, z. B. Veganer zu sein, als auch die des **Lebensentwurfs**, z. B. fernab der gesellschaftlichen Norm zu leben, geht. Die Diskutanten stellen fest, dass man zwar die Freiheit der Entscheidung hat, man aber gleichzeitig sich selbst gegenüber in der **Entscheidungspflicht** steht. Insofern resultiere Entscheidungsfreiheit in mehr **Selbstverantwortung.**

Die Beschränkung der **Entscheidungsfreiheit** schließt an die vorausgehende Diskussion an. Zwar finden die User, dass der Einzelne in vielen Dingen frei ist, z. B. in der Wahl des Berufes oder Wohnortes. Andere Dinge muss er aber mehr oder weniger **unfreiwillig** leisten, z. B. Steuern zahlen. Die User erkennen an, dass diese unfreiwilligen Abgaben einem guten Zweck dienen, indem sie dem Staat zugute kommen, der u. a. die Aufgabe hat, die Freiheit des Einzelnen zu verteidigen. Insgesamt wird die **Regulierungsaufgabe des Staates** gewürdigt.

Eine weitere Form von Freiheit im täglichen Leben ist **Unabhängigkeit.** Der Auszug aus dem Elternhaus „in die Freiheit" ist deren symbolhafteste Erscheinung für die User.

Ein anderer diskutierter Aspekt ist die **Balance von Unabhängigkeit und Bindung** in Beziehungen. Verbindlichkeit werde in Zeiten, in denen man flexibel sein muss, zur Herausforderung. So wird der Freiheitsdrang manchmal stärker als der Wunsch nach einer festen Bindung.

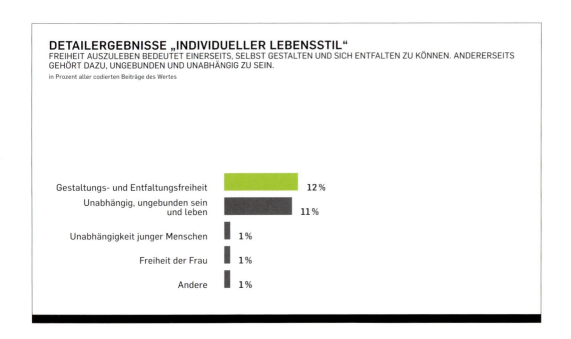

DETAILERGEBNISSE „INDIVIDUELLER LEBENSSTIL"
FREIHEIT AUSZULEBEN BEDEUTET EINERSEITS, SELBST GESTALTEN UND SICH ENTFALTEN ZU KÖNNEN. ANDERERSEITS GEHÖRT DAZU, UNGEBUNDEN UND UNABHÄNGIG ZU SEIN.
in Prozent aller codierten Beiträge des Wertes

Gestaltungs- und Entfaltungsfreiheit	12 %
Unabhängig, ungebunden sein und leben	11 %
Unabhängigkeit junger Menschen	1 %
Freiheit der Frau	1 %
Andere	1 %

➝ *„wenn mein freund für sein studium
ins ausland geht, macht er sicher schluss."*

4. Weitere Schwerpunkte

Freiheitsrechte bilden ein weiteres Diskussionsthema. Schwerpunktmäßig geht es um den Unterschied zwischen der **Meinungsfreiheit** und dem **Recht auf freie Meinungsäußerung.** So gelte das Recht auf eigene Meinung uneingeschränkt, nicht jedoch das auf freie Meinungsäußerung.

User kritisieren daher Initiativen, die extreme Standpunkte grundsätzlich verbieten wollen, z. B. die Initiative „Soziale Netzwerke gegen Nazis". Aus Sicht der User haben diese zum Ziel, die Meinungsfreiheit Einzelner zu beschneiden, und sie billigen diesen Standpunkt deshalb nicht. Des Weiteren würdigen die Diskutanten die neue **Informationsfreiheit.**

Das Internet stelle einen Hort für **Meinungsvielfalt** dar. Kritisiert wird der immer noch große Einfluss traditioneller Medien.

➝ *„durch das internet kann sich heute jeder
unabhängig informieren."*

Anlass zu Diskussionen gibt außerdem das Thema **Unabhängigkeit.** Im Fokus stehen die Freiheitsmärsche in **Ägypten und Tunesien.**

Die Debatte über die **Einführung des bedingungslosen Grundeinkommens** als Mittel der Unabhängigkeit von Institutionen wird ebenfalls nur am Rande geführt.

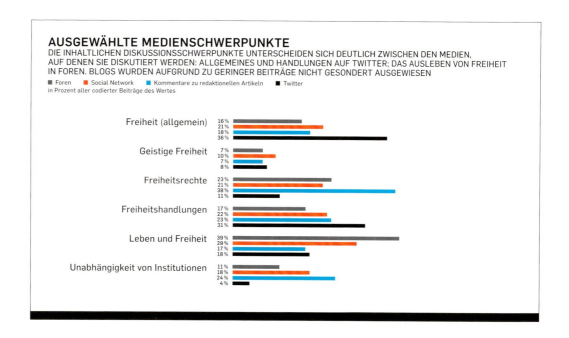

WAS HEISST DAS FÜR UNTERNEHMEN UND MARKEN?

Autonomie ermöglichen

Das westliche Leben steckt voller Bequemlichkeiten, aber auch voller Abhängigkeiten. Unser Essen kommt von globalen Konzernen, Autos sind dank komplexer Elektronik so gut wie nicht mehr selbst zu reparieren. Konsumenten wünschen sich ein Stück ihrer Unabhängigkeit zurück. Sie möchten wieder lernen, selbst für sich zu sorgen: zu kochen, stricken, werkeln und reparieren. Mit entsprechenden Angeboten und Anleitungen kann das Gefühl der Abhängigkeit reduziert und dabei noch Erfolgserlebnisse geschaffen werden.

Unabhängigkeit des Kunden wahren

User lehnen sich gegen ihre Freiheitsbeschränkung durch einen überwachenden Staat und Daten sammelnde Unternehmen auf. Unternehmen, die von sich aus die Unabhängigkeit ihres Kunden in den Mittelpunkt stellen, können nur profitieren. Konkrete Maßnahmen umfassen z. B. den Verzicht auf das Sammeln und Wiederverwenden von Kundendaten, den Verzicht auf Überwachungskameras, die Ausweitung sämtlicher Aktionen von Kundenkarten-Inhabern auf alle Kunden und die Möglichkeit, sämtliche Verträge sofort kündigen zu können.

Sparringspartner und Unterstützer werden

Frei und unabhängig sein, das wollen vor allem Alleinunternehmer und Entrepreneure. Sie schaffen es aber nicht allein: Finanzielle Förderungen wie günstige Darlehen, Beteiligungen oder einmalige Stipendien bedeuten für den Einzelnen viel und für Unternehmen ein gutes Investment. Von Coaching und Mentorenprogrammen profitieren beide Seiten. Erfahrung und etablierte Kontakte werden gegen Inspiration und neue Lösungsansätze getauscht. Gelebte Wertschätzung zwischen Auftraggeber und -nehmer sorgt für Verlässlichkeit und Vertrauen – die beste Basis für gefühlte Sicherheit und Unabhängigkeit.

Kampf um Freiheit und Autonomie unterstützen

Menschen, die um Freiheit und Autonomie kämpfen, benötigen nicht nur Sympathie, sondern Unterstützung. Diese kann auch von Unternehmen kommen. Das Engagement kann von der finanziellen Unterstützung lokaler Initiativen, die sich für mehr Bildung und damit persönliche Freiheit ihrer Kinder einsetzen, bis hin zu Medienpartnerschaften, die politischen Freiheitskämpfern als Sprachrohr dienen, reichen. Konsequenterweise muss auch die eigene Unternehmensaktivität daraufhin überprüft werden, ob in umstrittenen oder totalitären Staaten Geschäfte gemacht werden.

VERÄNDERUNG ZU 2009
WAS IST ANDERS?

Auch im Jahr 2012 bleibt „Freiheit" der am meisten diskutierte Wert. Analog zur Studie 2009 bildet die Bedeutung von Freiheit den inhaltlichen Schwerpunkt. Im Gegensatz zur Vorstudie werden weniger konkrete Themen zur Sprache gebracht, dafür häufig theoretische Auseinandersetzungen geführt. Dennoch gibt es Überschneidungen: Die Gefährdung der Persönlichkeitsrechte durch Maßnahmen der Kriminalitätsbekämpfung im digitalen Raum bleibt ein wichtiges Thema. Staatliche Sicherheitsmaßnahmen werden weiterhin als Bedrohung angesehen.

Die durch Technologien ermöglichten Freiheiten sind selbstverständlicher geworden.

Freiheit durch neue Technologien wird nicht – wie in der Vorstudie – explizit hervorgehoben. Sie scheint inzwischen eine Selbstverständlichkeit darzustellen. 2009 wurde Gewalt als Mittel für die Durchsetzung von Freiheit stark infrage gestellt. Die User wurden anlässlich der Proteste in Tunesien und Ägypten im Jahr 2011 darin bestätigt, dass Freiheit ohne Gewalt erkämpft werden kann.

BEST PRACTICE

Das sich noch in Alpha befindende **Diaspora** ist ein soziales Netzwerk, das die Privatsphäre seiner Nutzer schützen will. Alle Einstellungen sind von sich aus privat. Profilsicherheit wird damit garantiert. Zudem sollen alle geteilten Inhalte, ob Fotos, Videos oder Statusmeldungen, ausschließlich auf einem individuellen Webserver liegen, sodass die volle Kontrolle darüber beim Eigentümer verbleibt. *https://joindiaspora.com/*

Etsy.com, eine internationale DIY-Plattform, hat im September 2011 in Berlin eine Konferenz veranstaltet mit der Zielsetzung, Kleinunternehmern zu helfen, ihr Business voranzutreiben. Bereits erfolgreiche Entrepreneure, Marketing- und Social-Media-Profis sowie Rechts- und Finanzexperten teilten ihr Wissen mit 520 Teilnehmern aus aller Welt. *http://helloetsy.com/*

Die gesamte Musikbranche befindet sich im Umbruch, und besonders schwer gestaltet sich das Überleben für Independent-Musik-Gruppen. Um die musikalische Diversität zu erhalten, sponsert **Toyota Scion** zwanzig Independent-Bands. Das ermöglicht den Bands, auf Tour zu gehen, Alben herauszubringen und, noch wichtiger, ihre künstlerische Unabhängigkeit zu wahren. *http://scionav.com/index*

Alle Links sind unter www.werteindex.de/links benutzerfreundlich aufzurufen

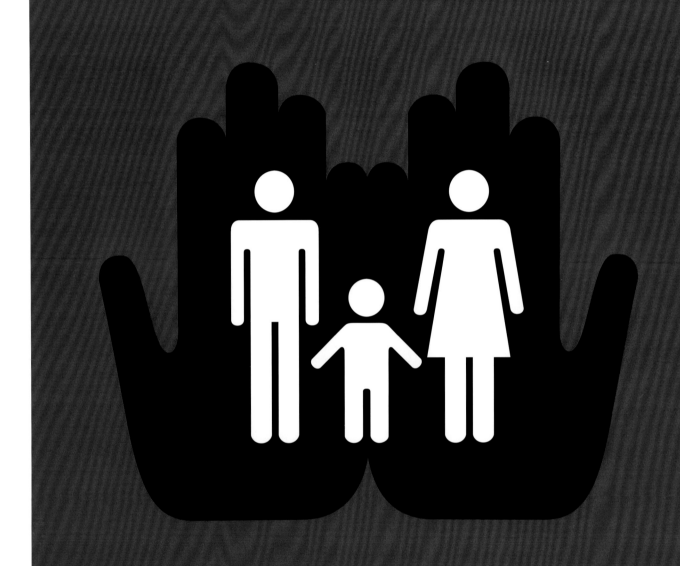

FAMILIE

Wunsch und Wirklichkeit: Wer heute eine Familie gründet, will sich in einer unsicheren, komplexen Welt einen Ort der Wärme, Ruhe und Geborgenheit schaffen. **Wem Familie gelingt, der demonstriert Optimismus, Flexibilität, Selbstsicherheit und Belastungsfähigkeit.** Diese Zukunftskompetenzen braucht jeder, der sein Wunschbild der Wirklichkeit anpassen will. **Unternehmen** tun gut daran, den Einzelnen bei der Verwirklichung dieses Lebenstraums zu unterstützen.

2012 auf Platz: 2009 auf dem 3. Rang.

TRENDPERSPEKTIVE
DIE NEUEN FREIHEITEN GESTALTEN

Sehnsuchtsort im hochkomplexen Alltag

Wer eine Familie gründet, schafft sich ein Gegenmodell zu einem hochkomplexen, fremdbestimmten Alltag. Hier sollen Vertrautheit, Fürsorglichkeit und Übersichtlichkeit herrschen. Hier soll man sein können, wie man ist. Gleichzeitig gilt Familie zunehmend als Abenteuer: als etwas Unvernünftiges und Archaisches. Damit ist Familie zum essenziellen Teil der Selbstverwirklichung geworden. Hier werden jene Wünsche und Ziele verwirklicht, deren Erfüllung die professionelle Welt versagt. Wer Familie hat, dem ist sie wichtig. Und auch für die junge Generation stellt die Familie jenen Rückhalt zur Verfügung, den die Gesellschaft ihr versagt.

Neue Arena von Multi-Optionismus und Optimierung

Nach Ausbildung, Karrierestart und Etablierung im Berufsleben gibt eine Familie nur kurz das Gefühl, endlich angekommen zu sein. Denn die Familie wird selbst zur Arena von Multi-Optionismus und Optimierung. Das Familienleben kann so vielgestaltig wie noch nie gelebt werden. Traditionelle Rollenverteilungen, biologische Verwandtschaften, die Ehe als Basis und ein gemeinsamer Wohnort sind nicht mehr vorgegeben. Alles muss selbst definiert, ausgehandelt

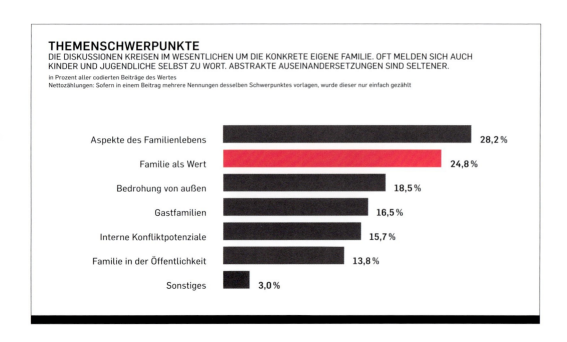

THEMENSCHWERPUNKTE
DIE DISKUSSIONEN KREISEN IM WESENTLICHEN UM DIE KONKRETE EIGENE FAMILIE. OFT MELDEN SICH AUCH KINDER UND JUGENDLICHE SELBST ZU WORT. ABSTRAKTE AUSEINANDERSETZUNGEN SIND SELTENER.

in Prozent aller codierten Beiträge des Wertes
Nettozählungen: Sofern in einem Beitrag mehrere Nennungen desselben Schwerpunktes vorlagen, wurde dieser nur einfach gezählt

Aspekte des Familienlebens	28,2 %
Familie als Wert	24,8 %
Bedrohung von außen	18,5 %
Gastfamilien	16,5 %
Interne Konfliktpotenziale	15,7 %
Familie in der Öffentlichkeit	13,8 %
Sonstiges	3,0 %

und ausprobiert werden. Umso schwieriger wird jede Entscheidung: Von der Frage der Kinderbetreuung über die Wahl der Schule bis zur Freizeitgestaltung wird nichts der Routine oder dem Zufall überlassen.

Materielles und immaterielles Statussymbol

Die Realität ist der größte Feind des Wunschbilds Familie. Beziehung, Job, Kind und die gemeinsamen Abendessen laufen plötzlich gar nicht so, wie sie sollten. Die Lücke zwischen Ideal und Wirklichkeit wird als Problem anstatt als Normalität wahrgenommen. Die neuen Freiheiten der Familie gestalten zu können, und nicht an ihnen zu scheitern, erfordert dieselben Fähigkeiten, die auch im beruflichen Alltag gefordert sind: unterschiedlichste Anforderungen finanziell, ideell und psychisch unter einen Hut zu bringen; Unsicherheit und Risiken auszuhalten; Belastungsfähigkeit, Flexibilität und Kommunikationsfähigkeit zu beweisen. Die Anforderungen steigen zusätzlich, da die sichere Zukunft der Kinder noch mehr Vorsorge und Rückhalt der Eltern erfordert. Wem Familie gelingt, der demonstriert kritische Zukunftskompetenzen, Selbstsicherheit und Optimismus.

Wunschbild Familie unterstützen

Wer Familie hat, kann Unterstützung brauchen. Marken und Produkte können dem Einzelnen das Familienleben leichter machen. Pragmatische Lösungsansätze können im Familienmanagement unterstützen. Emotional orientierte Ansätze bringen den Einzelnen und seine Realität gefühlsmäßig dem Wunschbild Familie näher. Empathie ist gefragt. Statt perfekter Szenerien und Anleitungen, wie man es richtig macht, gilt es, das Chaos und Unperfekte einer Familie anzuerkennen. Sodass Familie tatsächlich einen Hort von Wärme, Ruhe und Geborgenheit bedeutet, anstatt zum Kraftakt für alle Beteiligten zu werden.

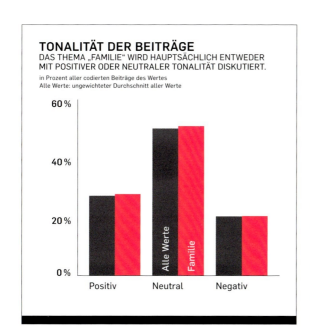

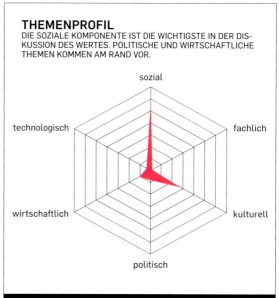

THEMEN
REALITÄT, IDEAL UND BEDROHUNG

1. Aspekte des Familienlebens

Zeit mit der Familie zu verbringen, das ist Thema und Wunsch von höchster Priorität unter den Bürgern. Damit sind vor allem besondere **Unternehmungen** und **Aktivitäten** gemeint: Konzertbesuche, Event-Besuche, Ausflüge in den Zoo oder auch Familienfeiern – solche Anlässe geben Usern den Impuls, von ihrem Familienleben zu berichten. Gemeinsame **Alltagsroutinen** finden wenig Platz. Die eigene Familiengeschichte steht in biografischen und **autobiografischen Beiträgen** im Vordergrund, in denen die entscheidende Rolle der Herkunftsfamilie für den eigenen Lebenslauf beschrieben wird. Auffällig ist hier die häufige Präsenz von **Migrationsthemen.** Präsent sind auch User auf der Suche nach Vorfahren im Rahmen ihrer eigenen **Stammbaum-Forschung.**

Familientraditionen werden generell einer **kritischen Betrachtung** unterzogen. Die **Bräuche fremder Kulturen** werden in problematischen Zusammenhängen diskutiert und stoßen dann auf **Ablehnung** (z. B. Todesfälle durch Abfeuern von Waffen bei türkischen Hochzeiten). Auch **Traditionen in der eigenen Familie** werden hinterfragt. Statt Ablehnung bemühen sich die User aber um eine Verbesserung oder **Weiterentwicklung** häufig familienindividueller

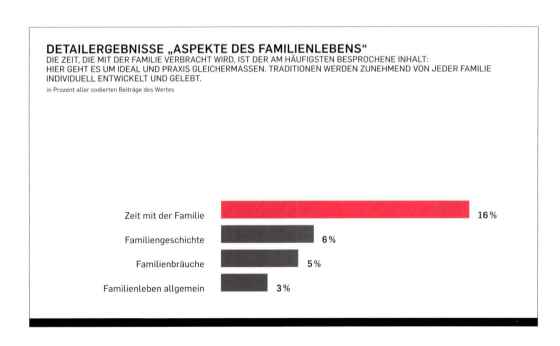

DETAILERGEBNISSE „ASPEKTE DES FAMILIENLEBENS"
DIE ZEIT, DIE MIT DER FAMILIE VERBRACHT WIRD, IST DER AM HÄUFIGSTEN BESPROCHENE INHALT:
HIER GEHT ES UM IDEAL UND PRAXIS GLEICHERMASSEN. TRADITIONEN WERDEN ZUNEHMEND VON JEDER FAMILIE
INDIVIDUELL ENTWICKELT UND GELEBT.
in Prozent aller codierten Beiträge des Wertes

Zeit mit der Familie — 16 %
Familiengeschichte — 6 %
Familienbräuche — 5 %
Familienleben allgemein — 3 %

Bräuche. Ergänzt werden die Beiträge mit **anekdotischen Erzählungen** aus der eigenen Familie – oft von den Kindern selbst verfasst –, die durchweg auf ein positives Familienleben schließen lassen.

2. Familie als Wert

Die am häufigsten diskutierte Stärke einer Familie ist der **Rückhalt,** den sie bietet. Das zeigen Beiträge von **Kindern** und Jugendlichen sowie von **Elternteilen** gleichermaßen. Erstere berichten in Anekdoten von der **Unterstützung,** die sie durch ihre Eltern, z. B. bei Schwierigkeiten im Freundeskreis oder bei schulischen oder beruflichen Herausforderungen, erfahren. Eltern wiederum erkundigen sich im Netz bei anderen Eltern, wie sie in schwierigen Situationen bestmöglich für ihre Kinder da sein können. Fehlender Rückhalt durch die Familie wird fallweise bei Scheidungsfamilien und prominenten Familien zur Sprache gebracht. Eine eigene Familie zu gründen wird generell als **zentraler Wert** für das eigene Leben formuliert. Ein Leben als Familie gilt als das wünschenswerte Lebensmodell schlechthin. Explizit gegenteilige Meinungen finden sich kaum.

> ↪ „jedes jahr bleibt von der weihnachtsgans mehr übrig. nächstes jahr bleibt der ofen kalt!"

Während der emotionale Wert für den einzelnen User im Vordergrund steht, reduzieren User die Familie im Rahmen einer Definition auch auf ihre Funktionalität. Dabei steht die Beschreibung der **Rollenverteilung** im Sinne der traditionellen **Aufgabenverteilung** im Vordergrund. Verkürzt werden die Familie und ihre emotionalen und finanziellen Ressourcen als die entscheidende **Weichenstellung für den Lebensverlauf** jedes Menschen definiert.

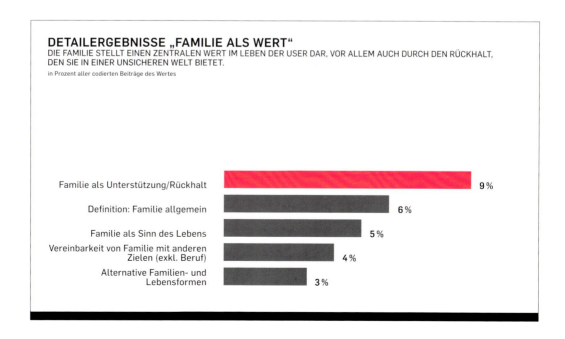

Neue Formen der Familienzusammensetzung werden vor allem am Modell der **Patchwork-Familie** diskutiert. Positive Erfahrungsberichte sind ebenso vertreten wie skeptisch-abwägende und strikt ablehnende Meinungen.

↪ *„eine patchwork-familie zieht ins schloss bellevue. na ja, zumindest ist er verheiratet…"*

3. Bedrohungen von außen

Die am häufigsten diskutierten Themen drehen sich um die finanzielle Existenzsicherung der Familie. Für die Armut in deutschen Familien wird vor allem der **Staat** verantwortlich gemacht. Die **finanzielle Unterstützung** wird als nicht ausreichend angesehen. Kürzungen oder fehlende Aufstockungen werden bei gleichzeitigen Milliardenausgaben für die Folgen der Finanzkrise als Ungerechtigkeit gewertet. Begünstigende Maßnahmen für nicht familienbezogene Bereiche wie die Steuerkürzungen für die Hotellerie werden heftig kritisiert. Auch zwischen den Empfängern staatlicher Unterstützung tun sich neue **Bruchlinien** auf: So werden die Zuwendungen zwischen wohlhabenderen und armen Familien, zwischen Familien mit nur einem Kind oder solchen mit mehreren Kindern aufgerechnet.

↪ *„bei allem fortschritt gilt immer noch: kind = karrierekiller."*

Der **finanzielle Druck** wird zudem als wichtiger Auslöser von **Familienkonflikten** identifiziert. Der Möglichkeit, die Familie durch den eigenen Verdienst abzusichern, steht die Herausforderung der **Vereinbarkeit von Kinderbetreuung und Beruf** entgegen. Gleichzeitig wird der **karrierehemmende Einfluss** von Kin-

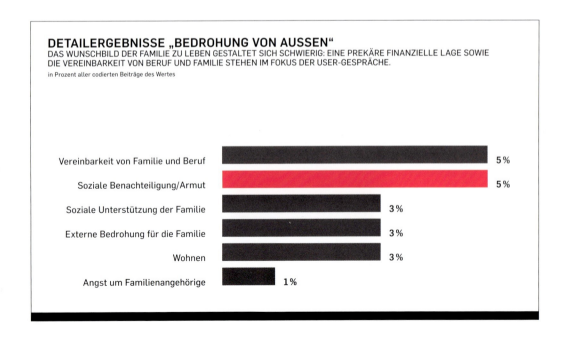

DETAILERGEBNISSE „BEDROHUNG VON AUSSEN"
DAS WUNSCHBILD DER FAMILIE ZU LEBEN GESTALTET SICH SCHWIERIG: EINE PREKÄRE FINANZIELLE LAGE SOWIE DIE VEREINBARKEIT VON BERUF UND FAMILIE STEHEN IM FOKUS DER USER-GESPRÄCHE.
in Prozent aller codierten Beiträge des Wertes

Vereinbarkeit von Familie und Beruf	5 %
Soziale Benachteiligung/Armut	5 %
Soziale Unterstützung der Familie	3 %
Externe Bedrohung für die Familie	3 %
Wohnen	3 %
Angst um Familienangehörige	1 %

dern in der beruflichen Entwicklung der Frauen thematisiert. Die Betreuung in **staatlichen Einrichtungen** steht im Mittelpunkt der Lösungsansätze – und damit Fragen wie die nach der **„richtigen" Lösung** und der Sorge um die **erzieherische Qualität** in Kindertagesstätten. Andere, privat organisierte Lösungen wie die Betreuung durch Väter, Großeltern oder Tagesmütter werden selten thematisiert. Die Erwähnung des Fußballers Van der Sar, der zugunsten seines Vater-Daseins seine Karriere beendete, bleibt die Ausnahme. Ein ebenso rares Thema ist, wie Unternehmen als Arbeitgeber hier Unterstützung bieten können.

4. Weitere Schwerpunkte

Die Familiendiskussion in der Öffentlichkeit wird von **familienpolitischen Fragen** dominiert. Es geht vor allem um **finanzielle Leistungen** des Staates. Auch **innerfamiliär** werden **finanzielle Transfers** zum Thema – wenn sie nicht funktionieren, was sowohl in intakten Familien als auch in Scheidungsfamilien Anlass zu Konflikten gibt.

Die Suche nach einer **Gastfamilie** beschäftigt viele junge Mädchen und Jungen: zum einen solche, die in absehbarer Zeit als **Au-pair** arbeiten wollen; zum anderen die, die bereits im Ausland sind und aufgrund einer unglücklichen Familiensituation auf der Suche nach einer neuen Familie sind.

Familien sehen sich auch von innen heraus bedroht: Hier sind **Gewalt,** heftiger **Streit** sowie psychischer **Druck** auf die Kinder die wichtigsten Themen. Oft diskutiert werden auch Fragen der **Erziehung.** Eltern suchen nach Rückversicherung für ihre Erziehungspraxis.

➡ *„meine tochter leidet an multipler sklerose. was kommt auf uns zu? wie können wir sie unterstützen?"*

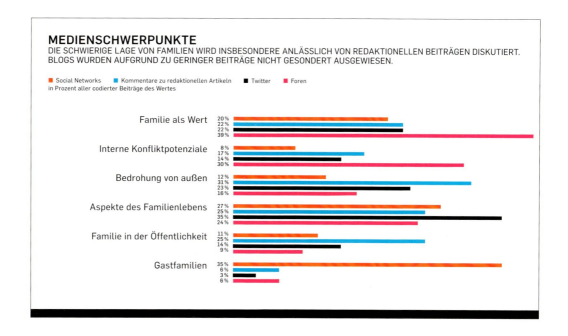

WAS HEISST DAS FÜR UNTERNEHMEN UND MARKEN?

Familien willkommen heißen

Das Leben als Familie ist chaotisch und schwierig genug. Als Unternehmen geht es darum, Empathie zu zeigen und Familien das Gefühl zu geben, willkommen – und nicht lästig – zu sein: mit Zerstreuungsmöglichkeiten für kleine und große Kinder; günstigen Essens- und Freizeitangeboten; Infrastruktur zum Wickeln, Sitzen und Schlafen; Familien-Parkplätzen; Betreuungsmöglichkeiten; und vor allem herzlichen und hilfsbereiten Mitarbeitern. Familien werden dort Stammkunden, wo sie sich wohlfühlen.

Family-Management unterstützen

Familien sind viel beschäftigt, es gilt, die Termine, Einkaufspräferenzen und Freizeitgestaltung aller Mitglieder zu koordinieren. Dazu kommt die Abstimmung mit Freunden und erweiterter/zweiter Familie. Alles, was die Organisation und Erledigung dieser Aufgaben erleichtert, ist willkommen: vom familienpersonalisierten Online-Shopping-Service über Wunschlisten-Manager bis zur Koordination elterlicher Chauffeur-Dienste. Marken, die sich als ein tatsächlicher Service erweisen, werden rasch zum fixen Bestandteil des Familienlebens werden.

Familienmitglieder zusammenbringen

Nichts ist so wertvoll wie Zeit, die man mit der Familie verbringt. Das gilt umso mehr, je dichter der individuelle Zeitplan jedes Familienmitglieds wird. Häufig leben auch nicht mehr alle Familienmitglieder an einem Ort. Hier gilt es, Möglichkeiten und Anlässe zur Zusammenkunft zu schaffen: von Spielen und Freizeitbeschäftigungen für alle Beteiligten bis zur per Skype vorgelesenen Gute-Nacht-Geschichte. Auch das Band zwischen Großeltern, Enkelkindern und der weiteren Verwandtschaft kann so gestärkt werden. Lösungen sollten sowohl in der realen als auch in der virtuellen Welt gedacht werden.

Als Arbeitgeber Familie leben

Familien dürfen nicht als Klotz am Bein des Mitarbeiters gesehen werden, sondern als eine zentrale Ressource und Motivation für seine Leistungsfähigkeit. Daher muss Familie für alle Mütter und Väter ermöglicht und erleichtert werden, damit sie als Mitarbeiter gute Arbeit leisten können. Dazu gehören klassische Maßnahmen, wie individuelle Arbeitszeiten, betrieblich unterstützte Kinderbetreuung, aber vor allem auch eine durch Führungskräfte vorgelebte Familien-Kultur.

VERÄNDERUNG ZU 2009
WAS IST ANDERS?

Dieses Jahr steht der Wert „Familie" an 2. Stelle und ist um einen Platz aufgestiegen. Im Werte-Index-Ranking 2009 erreichte der Wert „Familie" den 3. Platz.

Damals war besonders auffällig, dass Familie vornehmlich in einem problematischen Kontext diskutiert wurde. Fragen des sozialen Status, die Angst vor dem Abrutschen in untere Gesellschaftsschichten und die Sorge um die individuelle Anerkennung durch die Gesellschaft dominierten die Diskussion.

Dieses Jahr fanden sich deutlich mehr positive und persönlich motivierte Wunsch-, Vorstellungs- und Erfahrungsberichte in der Analyse.

In der aktuellen Analyse finden sich diese Themen indirekt wieder, indem sie vornehmlich zwischen den Zeilen konkreter Forderungen nach staatlicher Unterstützung zu lesen sind.

Gleichgeblieben sind die Diskussionen rund um die Vereinbarkeit von Beruf und Familie, Patchwork-Familien und familiäre Traditionen.

BEST PRACTICE

Ernsting's Family hat eine kostenlose App herausgebracht, die alles Wichtige für Urlaub mit Kindern bietet. Neben einer Auswahl kinderfreundlicher Raststätten gibt es auch praktische Unterstützung in Form von Checklisten für die Urlaubsplanung. Für die Kinder sind Spiele inkludiert, die auf der Autofahrt in den Urlaub für gute Laune auf der Rückbank sorgen. *http://aktionen.ernstings-family.de/app*

Da Kinder heute nicht nur auf dem Spielplatz, sondern auch in der virtuellen Welt spielen, müssen die Eltern nach neuen Wegen suchen, um sie dort zu erreichen. Die Lebensmittelkette Lawry's hat die **Dinner-Bell-App** entwickelt, über die Eltern per Knopfdruck ihre in digitale Sphären abgetauchten Kinder kontaktieren können, etwa wenn das Abendessen fertig ist – per SMS, Facebook oder Anruf. *https://dinnerbellapp.lawrys.com/*

Grandparent Games richtet sich an Großeltern und Kinder, die nur selten die Möglichkeit haben, sich persönlich zu sehen. Die Plattform bietet eine Reihe von Spielen, die parallel zu einem Video-Chat gespielt werden können. Das Angebot reicht vom gemeinsamen Tierbilder-Betrachten für die Kleinsten bis zu Leseübungen für die Größeren. So können Großeltern und Enkelkinder trotz größerer Entfernungen gegenseitig Teil des Alltags sein.
http://www.grandparentgames.com

GESUNDHEIT

Hoffnung und Dilemma: Wir wollen jederzeit und immer länger gesund sein. **Dem maroden Gesundheitssystem misstrauen wir aber zutiefst.** Deshalb koppeln wir uns ab: Wir gehen nicht zuerst zum Arzt, sondern zu Google. Bei den Communities im Web finden wir Diagnose und Therapie. **Gesundheit wird zum Projekt, das wir selbst managen.** Der Arzt, einst wichtigste Autorität für den Ratsuchenden, ist nur noch Mitarbeiter im Projektteam.

2012 auf Platz: 2009 auf dem 4. Rang.

TRENDPERSPEKTIVE „GESCHENK GOTTES" WIRD ZUR INDIVIDUELLEN ERRUNGENSCHAFT

Ansprüche an individuelle Gesundheit steigen

Eine unsichere Zukunft verlangt dem Einzelnen viel ab. Unbekannten Risiken begegnet man am besten so fit wie möglich und in jeder Beziehung optimiert. Der zunehmende Druck hinterlässt Spuren bei der Gesundheit. Aber die für den User persönlich sicherere Strategie ist nicht das Aufbegehren gegen die erhöhten Anforderungen, sondern der Versuch, ihnen zu entsprechen.

Kapazitäten des Gesundheitssystems sinken

Dem gegenüber steht ein marodes Gesundheitssystem, das bereits mit dem Anspruch einer grundlegenden Gesundheitsversorgung für alle überfordert zu sein scheint. Ärzten, Krankenkassen und Pharmaindustrie wird zutiefst misstraut. Der Grundverdacht lautet Missbrauch aus egoistischen Motiven. Der Arzt hat an fachlicher Autorität verloren. Insgesamt kämpft das System mit einem ähnlich schweren Stand wie die Politik. Der Patient steht ihm hilflos, aber auch mit immer weniger Erwartungen gegenüber.

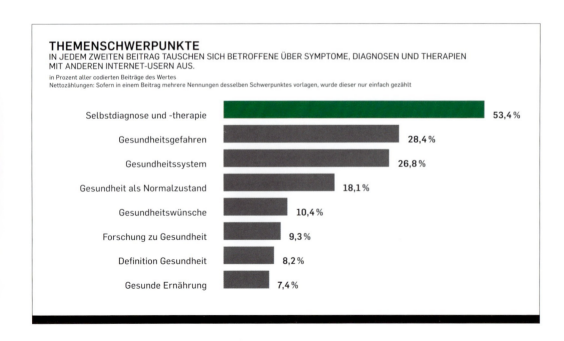

THEMENSCHWERPUNKTE
IN JEDEM ZWEITEN BEITRAG TAUSCHEN SICH BETROFFENE ÜBER SYMPTOME, DIAGNOSEN UND THERAPIEN MIT ANDEREN INTERNET-USERN AUS.

in Prozent aller codierten Beiträge des Wertes
Nettozählungen: Sofern in einem Beitrag mehrere Nennungen desselben Schwerpunktes vorlagen, wurde dieser nur einfach gezählt

Selbstdiagnose und -therapie	53,4 %
Gesundheitsgefahren	28,4 %
Gesundheitssystem	26,8 %
Gesundheit als Normalzustand	18,1 %
Gesundheitswünsche	10,4 %
Forschung zu Gesundheit	9,3 %
Definition Gesundheit	8,2 %
Gesunde Ernährung	7,4 %

Konsument entkoppelt sich vom Gesundheitssystem

Wer kann, versucht sich von diesem kranken System unabhängig zu machen. Man ist weniger bereit, das System für jene zu erhalten, die es missbrauchen oder einfach intensiver nutzen als man selbst. Aber auch die Bereitschaft, sich selbst dem System blind anzuvertrauen, nimmt ab. Der Besuch beim Arzt wird von einem selbst geleiteten Diagnose- und Therapiefindungsprozess abgelöst, der aus dem Austausch mit anderen Betroffenen, intensiver Recherche und dem Einbeziehen ausgesuchter Experten besteht. Der Patient gestaltet seine Gesundheit zum Projekt. Der Arzt wird zum Mitarbeiter degradiert.

Gesundheit als individuelle Leistung

Angesichts der Lücke zwischen gestiegenen Ansprüchen und abnehmenden Leistungen gilt es, auf die eigene Leistungsfähigkeit zu setzen. Sichere Häfen gibt es nicht mehr. Gesundheit wird gleichzeitig Grundlage und Ergebnis außerordentlicher Leistungsfähigkeit. Sie wird vom „Geschenk Gottes" zur individuellen Errungenschaft. Wer gesund sein will, muss etwas dafür tun.

Vom Patienten zum Kunden zum Projektleiter

Wer den Einzelnen in dieser Situation unterstützen will, bietet ihm Hilfe bei der Selbstoptimierung an. Denn viele Patienten vertrauen ihrer eigenen Recherche und anderen Patienten eher als den Vertretern des Gesundheitssystems. Der Patient wurde zunächst zum kritischen, aufgeklärten Kunden, der seinem Arzt nicht bedingungslos glaubt. In Zukunft ist er Projektleiter seiner Gesundheit. Als solcher benötigt er keine Services, die er konsumieren kann, sondern Services, die ihn „enablen", ihn befähigen, aktiv seine eigene Leistungsstärke zu optimieren.

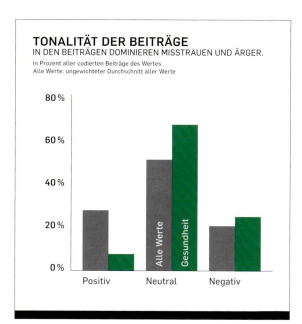

TONALITÄT DER BEITRÄGE
IN DEN BEITRÄGEN DOMINIEREN MISSTRAUEN UND ÄRGER.
in Prozent aller codierten Beiträge des Wertes
Alle Werte: ungewichteter Durchschnitt aller Werte

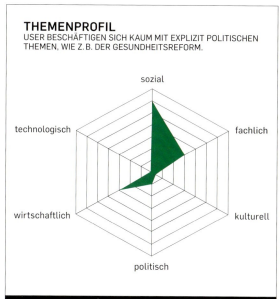

THEMENPROFIL
USER BESCHÄFTIGEN SICH KAUM MIT EXPLIZIT POLITISCHEN THEMEN, WIE Z. B. DER GESUNDHEITSREFORM.

THEMEN
DER PATIENT WIRD SELBST DIAGNOSTIKER UND THERAPEUT

1. Selbstdiagnose und -therapie

Der Trend zum Prosumenten macht auch vor dem Patienten nicht halt: Der User ist gleichzeitig Patient, Diagnostiker und Therapeut. Die erste Adresse für **Ratsuchende** ist nicht der Arzt, sondern Google. In Foren werden **persönliche Krankheitsgeschichten** detailliert geschildert. User versuchen sich in **Ferndiagnosen.** Hinweise auf mögliche **Therapien** werden ausgetauscht. Den Erfahrungen anderer User wird mehr getraut als dem eigenen Arzt. Therapie-Entscheidungen werden zuvor durch Rückfragen in der Community abgesichert.

→ *„blasenschwäche, wenn ich huste! was kann man tun?"*

Die Legitimität der Homöopathie gehört zu den am häufigsten diskutierten Themen – und ist eng mit der Kritik am Gesundheitssystem verknüpft: Misstrauen gegenüber Ärzten/Autoritäten, Krankenkassen, dem Gesundheitssystem allgemein und der Pharmalobby, aber auch gegenüber anderen Patienten.

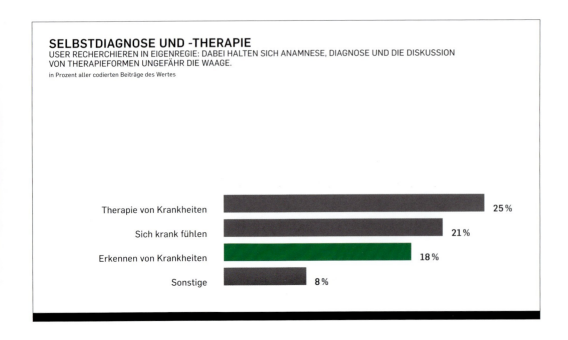

SELBSTDIAGNOSE UND -THERAPIE
USER RECHERCHIEREN IN EIGENREGIE: DABEI HALTEN SICH ANAMNESE, DIAGNOSE UND DIE DISKUSSION VON THERAPIEFORMEN UNGEFÄHR DIE WAAGE.
in Prozent aller codierten Beiträge des Wertes

- Therapie von Krankheiten — 25 %
- Sich krank fühlen — 21 %
- Erkennen von Krankheiten — 18 %
- Sonstige — 8 %

Der Grundverdacht lautet, keine Ahnung von der Materie oder eigennützige Motive zu haben. In der aufgeheizten Diskussion gibt es wenige Stimmen, die sich für eine pragmatische Lösung zwischen Schulmedizin und alternativen Heilmethoden aussprechen.

→ *„es geht an die gesundheit, wenn man nicht weiß, ob man nächsten monat noch einen job hat ..."*

2. Gesundheitsgefahren

Wer oder was bedroht unsere Gesundheit? Die Leistungsgesellschaft und wir selbst – wenn es nach den Aussagen der Internet-User geht. Der größte Anteil der Beiträge identifiziert **psychische Belastungen** als Gesundheitsgefährdung. Allen voran stehen hier **Arbeitsbelastungen, -zeiten** und **-intensitäten,** unsichere Zukunftsaussichten sowie der zunehmende **Leistungs- und Finanzdruck** auf den Einzelnen. Diesen systemischen Faktoren stehen Ursachen gegenüber, die User in der **Verantwortung des Einzelnen** sehen. Wer sich ungesund ernährt, wer zu viel trinkt, raucht und andere Suchtmittel konsumiert, wird krank. Andere externe Einflussgrößen wie **Umweltbedingungen** (z. B. Witterung, Umweltverschmutzung) und die Risiken von **Technologien** werden relativ selten als Krankheitsursache genannt.

3. Gesundheitssystem

Dem Gesundheitssystem und all seinen Akteuren schlägt tiefes **Misstrauen** entgegen: **Ärzte** werden mitunter als abhängig von der mächtigen Lobby der Pharmaindustrie angesehen. **Krankenkassen** wird vorgeworfen, ineffizient und intransparent zu arbeiten. Das System öffne dem **Missbrauch** Tür

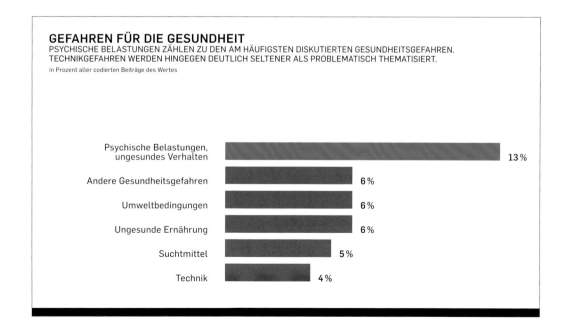

GEFAHREN FÜR DIE GESUNDHEIT
PSYCHISCHE BELASTUNGEN ZÄHLEN ZU DEN AM HÄUFIGSTEN DISKUTIERTEN GESUNDHEITSGEFAHREN.
TECHNIKGEFAHREN WERDEN HINGEGEN DEUTLICH SELTENER ALS PROBLEMATISCH THEMATISIERT.

in Prozent aller codierten Beiträge des Wertes

Psychische Belastungen, ungesundes Verhalten	13 %
Andere Gesundheitsgefahren	6 %
Umweltbedingungen	6 %
Ungesunde Ernährung	6 %
Suchtmittel	5 %
Technik	4 %

und Tor: **Patienten,** die über Gebühr häufig zum Arzt gehen; Krankenhäuser, in denen Therapien vor allem nach finanziellen Gesichtspunkten ausgewählt werden; **Pharmaunternehmen,** in deren Profitinteresse nicht die Anzahl der Gesunden, sondern die der Kranken liegt. Letztlich bediene das Gesundheitssystem vor allem die **Geldgier** von Ärzten, Apothekern, Funktionären und Unternehmern, so die Meinung der User.

Die ständig steigenden Kosten in den Griff zu bekommen wird diesem System nicht zugetraut. Auf der anderen Seite werden Mitpatienten zur Verantwortung gezogen: Ältere, die ihren Arzt primär als sozialen Kontakt nutzen, und Mitmenschen, die die Folgen ihrer ungesunden Lebensweise auf Rechnung der Allgemeinheit therapieren lassen, werden häufig explizit genannt. Gesunde fordern strenge, stark vereinfachte Regelungen sowie geringere Versicherungsbeiträge als Belohnung für eine gesunde Lebensweise. Verteidiger des solidarischen Prinzips sind in der Unterzahl.

→ *„es sollte ein belohnungssystem geben. wer gesund lebt, zahlt weniger!"*

4. Weitere Schwerpunkte

Insbesondere in Microblogs prominent vertreten sind die guten **Wünsche** für die Gesundheit anderer. Eine **Definition von Gesundheit** wird häufig am Beispiel „Normalgewicht/gesundes Gewicht" und „Behinderungen" versucht. Einen weiteren Schwerpunkt in der Diskussion bilden **Kinder** und ihre Gesundheit: Sorge und Fürsorge sind hier stärker als sonst. Auf Kinder als die Zukunft der Gesellschaft richtet sich ein besonderes Augenmerk – im positiven, aber auch im negativen Sinne: Kinder, die keine entsprechende Vorsorge erfahren, werden

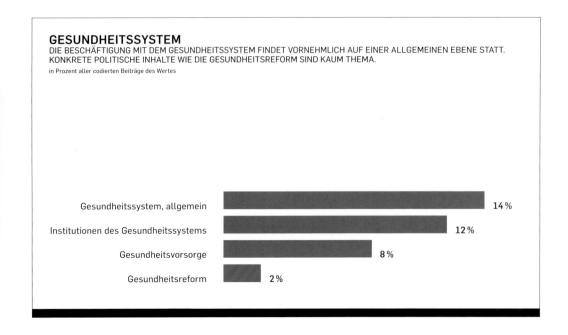

GESUNDHEITSSYSTEM
DIE BESCHÄFTIGUNG MIT DEM GESUNDHEITSSYSTEM FINDET VORNEHMLICH AUF EINER ALLGEMEINEN EBENE STATT. KONKRETE POLITISCHE INHALTE WIE DIE GESUNDHEITSREFORM SIND KAUM THEMA.
in Prozent aller codierten Beiträge des Wertes

Gesundheitssystem, allgemein	14 %
Institutionen des Gesundheitssystems	12 %
Gesundheitsvorsorge	8 %
Gesundheitsreform	2 %

als künftige finanzielle Belastung gefürchtet. Auch die Frage „Krank zur **Arbeit?**" beschäftigt die Internet-User stark. Über die Wichtigkeit von gesunder **Ernährung** besteht weitgehender Konsens. Aktuelle Errungenschaften der **Forschung** werden vor allem im Rahmen redaktioneller Berichterstattung kommentiert.

➜ *„ein bmi von 30 ist keine frage der ästhetik, sondern eine krankheit!"*

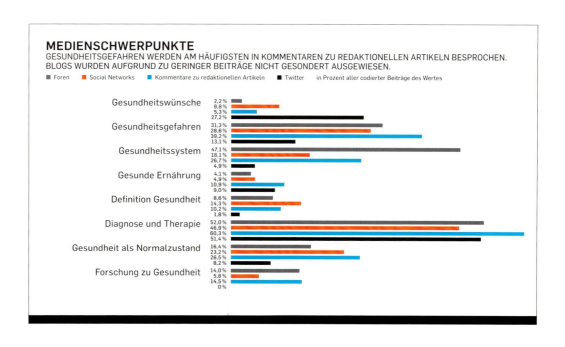

WAS HEISST DAS FÜR UNTERNEHMEN UND MARKEN?

Selbstoptimierer unterstützen
Selbstoptimierung benötigt Zeit und Energie. Einfache, schnelle und effektive Angebote sind gefragt, die die eigene Leistungssteigerung unterstützen. Personalisierte Services, jederzeit mobil abrufbar, sind am effizientesten. Monitoring und Coaching müssen im richtigen Moment verfügbar sein. Bestehende Produkte können durch entsprechende Zusatzangebote ergänzt werden.

Projektleiter enablen
Erfolgreiche Projektleiter brauchen Unterstützung: z. B. Informationen, Austausch und hilfreiche Werkzeuge. Marken positionieren sich nicht als medizinische Autorität. Sie lassen den User wählen, wem er vertraut, und fördern die Vernetzung zu Patienten und Experten. Unabhängigkeit und Patienten-Zentriertheit sind entscheidend. Digitale Tools erlauben genauere, schnellere und bequemere Diagnose- und Therapie-Prozesse.

Ambivalenzmanagement
Gerade in Gesundheitsfragen gibt es keine einfachen Wahrheiten. Ist das Telefonieren mit dem Handy schädlich oder nicht? Dem Kunden kann trotz dieser Ambivalenzen Sicherheit und Vertrauen vermittelt werden. Ein offenes „Wir wissen es nicht" ist vertrauensbildend, wenn ihm folgt: „Aber egal, wie es ist – wir sorgen dafür, dass es dir gut geht."

Health-Mainstreaming
Die transparente Darstellung von Nährwertinformationen und Inhaltsstoffen gehört bereits zum Standard. Die nächste Herausforderung ist, den gesundheitlichen Impact transparent zu machen. Die Informationsethik für Umweltthemen wird auf die Gesundheit angewandt. Dem Carbon-Footprint folgt ein Health-Footprint. Eine offene Auseinandersetzung mit kritischen Faktoren gibt dem Kunden das Gefühl, dass er und sein Wohlbefinden wichtiger als Profitinteressen sind.

Stellung beziehen
Das Misstrauen der Patienten gegenüber dem Gesundheitssystem ist zumindest teilweise berechtigt. Es gibt Missbrauch, und es gibt massive Probleme der Finanzierung in der Zukunft. Es gilt, Probleme abseits von Angstmacherei und Schönrednerei zu thematisieren sowie die Bereitschaft zu signalisieren, als Unternehmen an Lösungen mitzuwirken.

VERÄNDERUNG ZU 2009
WAS IST ANDERS?

2009 landete der Wert „Gesundheit" auf Platz 4 des Werte-Index-Rankings. 2012 findet er sich auf Platz 3 wieder und stieg um einen Platz auf.

Die Hauptthemen in der Diskussion haben sich kaum geändert: Selbstdiagnostik, Gesundheitssystem, Ernährungsfragen und psychische Belastungen als primäre Krankheitsquellen. Allerdings wurden 2009 die Bereiche Selbstdiagnose und Selbsttherapie noch wesentlich weniger diskutiert als in der aktuellen Untersuchung.

Deutlich stärker als 2009 waren die Themen „Selbstdiagnose und -therapie" und „Gesundheitssystem" vertreten.

Auffällig ist die starke Thematisierung der Legitimität der Homöopathie 2012, die es 2009 in dieser Form nicht gab. Maßgeblich befeuert wurde diese durch die Titelgeschichte des „Spiegels."

BEST PRACTICE

Die Service-Plattform **connectade.com** unterstützt pflegende Familienangehörige. Basierend auf einem individuell erstellten Pflegeplan, werden Informationen und Kontakte zu lokalen Ärzten, Service-Einrichtungen u. Ä. zur Verfügung gestellt. Ein Organisationstool erleichtert die Absprache unter den involvierten Familienmitgliedern und Pflegenden. *http://www.connectade.com/*

Mit der Smartphone-Applikation **Skinscan** lassen sich verdächtige Muttermale über einen längeren Zeitraum immer wieder scannen, sodass ihre Veränderungen dokumentiert werden können. Die Analyse-Funktion erlaubt eine grobe Einstufung des Muttermals. Zur weiteren Behandlung verweist die App an die am nächsten liegenden Hautärzte inklusive Kontaktdaten. *http://www.skinscanapp.com/*

Von überall und jederzeit auf die Meinung eines Arztes zugreifen zu können ist das Angebot von **HealthTap.** Die mobile App bietet Antworten auf Gesundheitsfragen von über 5.000 Ärzten. Weitere Ärzte können sich der Meinung ihrer Kollegen anschließen, indem sie auf „stimme zu" klicken. Ärzte können so ihre Reputation verbessern und neue Patienten gewinnen. *https://www.healthtap.com/*

GEMEINSCHAFT

Flucht und Freunde: In der Netzwerkgesellschaft ist die selbst gewählte Gemeinschaft der Zufluchtsort für Menschen. **Sicherheit wird nicht mehr in traditionellen Strukturen gesucht.** Gemeinschaften werden heute flexibel nach den Interessen Gleichgesinnter ausgerichtet. Communities und Netzwerke bieten Bestätigung und Zugehörigkeit auf unverbindliche Weise. Für **Unternehmen** gilt es, selbst Gemeinschaft zu leben und Gemeinschaften zu stärken – online und offline.

2012 auf Platz: 4
2009 auf dem 10. Rang.

TRENDPERSPEKTIVE
DIE MARKE ALS TEIL EINER GEMEINSCHAFT

Unsicherheit als alltägliche Rahmenbedingung

In der modernen Gesellschaft sind Unberechenbarkeit und Komplexität zur alltäglichen Herausforderung geworden.

Der Einzelne kann sich immer weniger auf traditionelle Strukturen der Sicherheit und Beständigkeit verlassen: Der Sozialstaat zieht sich immer weiter zurück, klassische Familienstrukturen befinden sich in Auflösung, Bildung und Leistung sind kein Garanten mehr für einen sicheren finanziellen Status. Gleichzeitig ist der Einzelne ohnehin immer weniger bereit, seine eigenen Interessen einem vorgesetzten System unterzuordnen.

Sicherheit in selbst gewählten Gemeinschaften

Sicherheit wird daher zunehmend im Kleinen gesucht: in übersichtlichen Gemeinschaften, deren Spielregeln man durchblickt und deren Verbindlichkeiten auf ein Minimum reduziert sind und die dennoch das Gefühl der Zugehörigkeit vermitteln können.

Im Internet haben sich Gemeinschaften stark ausdifferenziert. Jeder findet eine oder mehrere Nischen und muss sich dabei nicht auf nur eine Com-

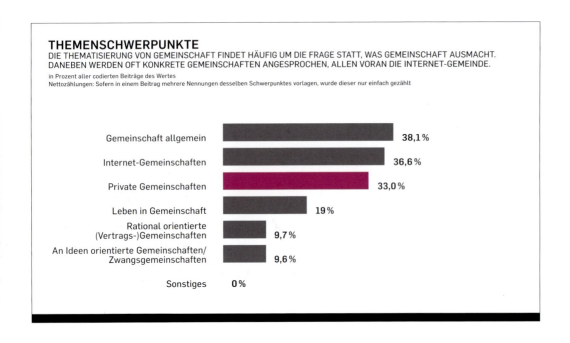

THEMENSCHWERPUNKTE
DIE THEMATISIERUNG VON GEMEINSCHAFT FINDET HÄUFIG UM DIE FRAGE STATT, WAS GEMEINSCHAFT AUSMACHT. DANEBEN WERDEN OFT KONKRETE GEMEINSCHAFTEN ANGESPROCHEN, ALLEN VORAN DIE INTERNET-GEMEINDE.

in Prozent aller codierten Beiträge des Wertes
Nettozählungen: Sofern in einem Beitrag mehrere Nennungen desselben Schwerpunktes vorlagen, wurde dieser nur einfach gezählt

- Gemeinschaft allgemein — 38,1 %
- Internet-Gemeinschaften — 36,6 %
- Private Gemeinschaften — 33,0 %
- Leben in Gemeinschaft — 19 %
- Rational orientierte (Vertrags-)Gemeinschaften — 9,7 %
- An Ideen orientierte Gemeinschaften/Zwangsgemeinschaften — 9,6 %
- Sonstiges — 0 %

munity festlegen. Solche Gemeinschaften sind hochgradig zweckgebunden. Man schließt sich ihnen zur Verfolgung kurzfristiger oder langfristiger Ziele an. Nicht Individualität als Unabhängigkeit von der Gemeinschaft ist das Ziel, sondern, individuelle Interessen durch die und in der Gemeinschaft umzusetzen.

Dualität von offline und online

Der virtuelle Raum ist mittlerweile zur selbstverständlichen Erweiterung physischer Begegnungen geworden. Das Spektrum reicht von reinen Offline- bis zu reinen Online-Kontakten. Im weiten Feld dazwischen verschwimmen die Grenzen zwischen analog und digital. Die Vorteile des Internets – Unverbindlichkeit, Anonymität, Virtualisierung – geraten in bestimmten Kontexten zum Nachteil. Daher wird auch der analoge Raum wieder wichtiger: Treffen von Angesicht zu Angesicht; gemeinsame Unternehmungen; zu erleben, sich als Menschen gut zu verstehen. Physische Begegnungen stärken Gemeinschaften und veredeln jede Beziehung.

Gemeinschaften stärken, Gemeinschaft leben

Unternehmen können die mit dem Wert „Gemeinschaft" verbundenen Sehnsüchte bedienen, indem sie einerseits eine eigene Gemeinschaft aufbauen und pflegen. Andererseits können Kunden und Fans darin unterstützt werden, sich gegenseitig zu vernetzen. Unternehmen und Marken müssen sich als Teil einer Gemeinschaft verstehen und dürfen sich nicht über sie stellen. Online präsent zu sein ist ohnehin Pflicht, kann aber physische Begegnungen im Kontext der Marke und mit ihren Vertretern nicht ersetzen. Daher gilt es, online als auch offline begegnend und verbindend aktiv zu sein. Die beste Basis für eine Gemeinschaft zu einer oder rund um eine Marke ist das Teilen substanzieller Werte.

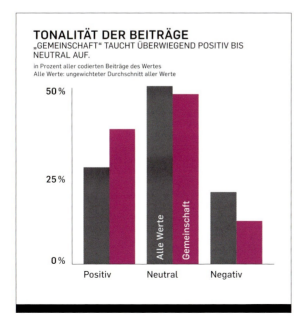

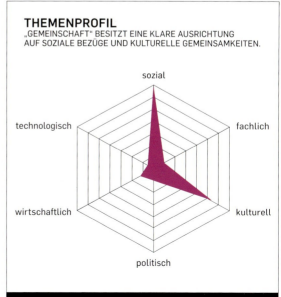

THEMEN
GLEICH GESINNT IM NETZWERK, GEBORGEN IN DER COMMUNITY

1. Gemeinschaft allgemein

Gemeinschaft definiert sich schon über kleinste gemeinsame Nenner. So sind es vor allem gemeinsame **Vorlieben und Interessen,** die Menschen zusammenbringen. In diesen **Interessengemeinschaften** treffen sich die User zum **Austausch** mit Gleichgesinnten. Gemeinschaftsbildung erfolgt zudem aufgrund gleicher **Lebensabschnitte** (z. B. 50plustreff) oder **Werte** (z. B. Klimacamp). Gleiche Lebenssituationen dienen ebenfalls als Vernetzungsgrund, in dessen Mittelpunkt Erfahrungsaustausch und gegenseitige Hilfe stehen.

Eine Gemeinschaft entsteht durch die **Abgrenzung von anderen.** Dabei sind **langfristige** genauso wie **kurzfristige Ziele** gemeinschaftsstiftend. Bei langfristigen Zielen handelt es sich um gemeinsame Werte und **Überzeugungen** wie bei den Mitgliedern von politischen Parteien oder Nichtregierungsorganisationen. Kurzfristige Ziele resultieren in **Gemeinschaftsbildung auf Zeit** zur Durchsetzung **gemeinsamer Interessen.** Ein Beispiel dafür ist ein gemein-

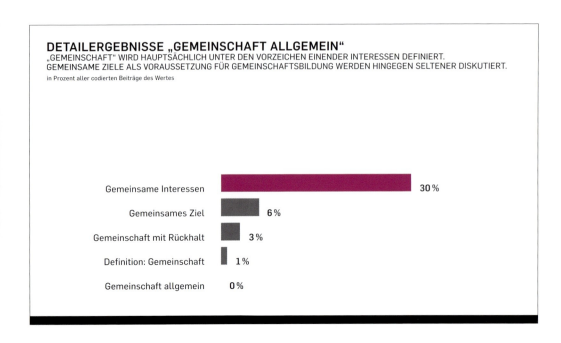

schaftlicher Messestand von Unternehmen aus einer Region. Darüber hinaus findet sich der Begriff Gemeinschaft auch in der Bezeichnung von **Vereinen** wieder. Hier geht es um konkrete **Hilfestellung für Betroffene.**

2. Internet-Gemeinschaften

Das Internet spielt eine entscheidende Rolle bei der **Zusammenführung von Gleichgesinnten.** Denn darüber finden und organisieren sich Gemeinschaften. Ihre häufigste Erscheinungsform, das **soziale Netzwerk,** wird zwar am meisten diskutiert, jedoch ohne persönlichen Bezug. Auffallend ist, dass **Facebook** als größter Repräsentant zum **Synonym für soziale Netzwerke** geworden ist. In **inhaltlich fundierten Diskussionen** beschäftigen sich die User mit der Entstehung neuer **Kommunikationsparadigmen.** Durch Facebook habe sich beispielsweise die Marken- sowie die Employer-Kommunikation verändert.

> ➝ *„super, wie man in einer reise-community über eigene erlebnisse berichten und an einem reiseführer mitschreiben kann."*

Ein zentrales Thema sind **Communities.** Sie entstehen am häufigsten um gemeinsame Themen wie z. B. Reisen und Spiele. Neben neuen Kontakten und Austausch suchen User hier **Rückhalt.** Dabei geht es darum, Gehör für eigene Probleme zu finden und **Ratschläge und Hilfe** von anderen Mitgliedern zu bekommen. Communities dienen auch als **Kontaktbörsen.** Zweck solcher Internet-Bekanntschaften ist einerseits **Zeitvertreib** durch z. B. Chatten und Flirten, der ausschließlich online stattfindet. Andererseits geht es darum, **Freundschaften** zu schließen, die anschließend im **„echten Leben"** gefestigt werden sollen.

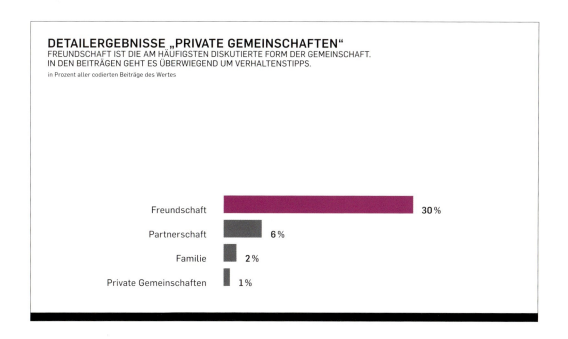

Beispielsweise dient das Portal 50plustreff als Treffpunkt für Menschen, die u. a. nach Partnern für gemeinsame Freizeitgestaltung suchen. Gleichzeitig wird im Zusammenhang mit **Internet-Bekanntschaften** häufig zur Vorsicht geraten und auf die **Gefahren der Online-Kontaktschließung** hingewiesen.

→ *„es spricht nichts gegen facebook. man muss nur wissen, was man dort tut."*

3. Private Gemeinschaften

Freundschaft ist ein zentrales Thema der Diskutanten. Es geht um ihre **Definition** als auch um konkrete **Verhaltenstipps.** Viele Ratsuchende sind **Jugendliche.** Im Mittelpunkt steht häufig die Frage, wie aus Freundschaft eine Liebesbeziehung werden kann. Tatsächliche **Beziehungen** kommen nur im Zusammenhang mit aufgekommenen **Problemen** zur Sprache.

Die Auseinandersetzung mit dem Thema Freundschaft offenbart eine **Sehnsucht nach echten Bindungen.** Laut der User lässt sich Freundschaft auf eine Formel bringen: Freunde sind immer für einen da. Die Sehnsucht nach **Geborgenheit, Gruppenbindung** und **Verantwortlichkeitsempfinden für andere** wird in diversen Communities zumindest **kurzzeitig und flexibel** gelebt.

→ *„echte freunde erleben alles gemeinsam."*

Des Weiteren wird die Möglichkeit der **Vernetzung und des Austausches** genutzt, um sich auf **Herausforderungen im echten Leben** vorzubereiten. Beispielsweise vernetzen sich vor einem Auslandsaufenthalt Reisende miteinander, um Fragen zu klären oder sich zu gemeinsamen Flügen zu verabreden.

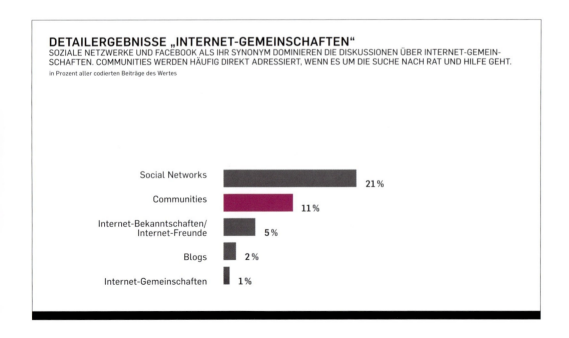

DETAILERGEBNISSE „INTERNET-GEMEINSCHAFTEN"
SOZIALE NETZWERKE UND FACEBOOK ALS IHR SYNONYM DOMINIEREN DIE DISKUSSIONEN ÜBER INTERNET-GEMEINSCHAFTEN. COMMUNITIES WERDEN HÄUFIG DIREKT ADRESSIERT, WENN ES UM DIE SUCHE NACH RAT UND HILFE GEHT.
in Prozent aller codierten Beiträge des Wertes

- Social Networks: 21 %
- Communities: 11 %
- Internet-Bekanntschaften/Internet-Freunde: 5 %
- Blogs: 2 %
- Internet-Gemeinschaften: 1 %

4. Weitere Schwerpunkte

Das Gefühl der Gemeinschaft wird durch **gemeinsame Erlebnisse** gestärkt. **Persönliche Treffen** in der Offline-Welt gehören ebenso dazu wie **gemeinsame Freizeitaktivitäten** (z. B. Grillen) oder **öffentliche Auftritte** (z. B. Yoga-Flashmob). Auch wird die Zugehörigkeit zueinander durch bestimmte **Codes** manifestiert. So hat sich ein Fußball-Fanclub in Anlehnung an die deutsche Nationalmannschaft im Jahr 1990 einen Oberlippenbart wachsen lassen – als gutes Omen und als Zeichen der Unterstützung für die deutschen Fußballspieler bei der WM in Südafrika.

↪ *„lasst uns zeigen, wie wir zu unseren Jungs in südafrika halten."*

Ein ebenso häufig diskutiertes Thema ist die **Integration in die Gemeinschaft,** wobei Gemeinschaft hier mit Gesellschaft, und zwar der deutschen Gesellschaft, gleichgesetzt wird. Um dies zu erreichen, müsse man sich an bestimmte **Regeln** der Gemeinschaft halten, finden die User. Dabei werden Aspekte wie **Konfession** und **Sprachkompetenz** als wichtigste Voraussetzungen intensiv diskutiert.

Ein weiteres Diskussionsthema bilden **institutionelle Zusammenschlüsse** wie die UNO oder die EU. Auffällig ist das **schwindende Vertrauen** in diese übergeordneten Instanzen. In Zusammenhang mit dem Afghanistan-Krieg wird eine Ratlosigkeit der **internationalen Gemeinschaft** festgestellt. Auch die Idee des **Finanzausgleichs** der Länder wird stark infrage gestellt. Es könne nicht sein, dass gut wirtschaftende Bundesländer für andere dauerhaft verschuldete aufkommen müssen, meinen die User.

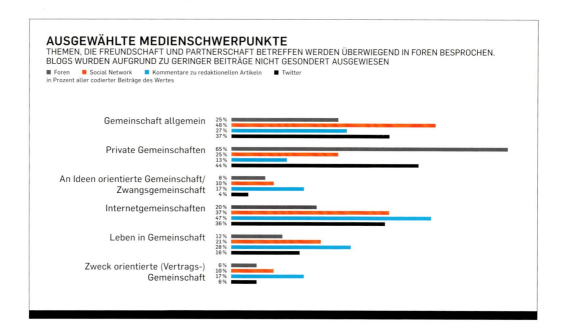

WAS HEISST DAS FÜR UNTERNEHMEN UND MARKEN?

Gemeinschaften stärken
Marken können sich als Enabler und Unterstützer für Gemeinschaften positionieren. Im Mittelpunkt steht dabei nicht die Marke, sondern ein gemeinsamer Wert oder ein gemeinsames Ziel. Am günstigten ist das, wenn auf bereits bestehende Infrastrukturen sozialer Netzwerke aufgesetzt wird. Eigenständigere und umfassendere Programme rechtfertigen eigene Plattformen. Entscheidend ist, Gemeinschaften online und offline gleichermaßen zu denken. So könnten Nachbarschaften auch online zusammengeführt werden, oder eine Marke kann sich als vermittelnder Partner in die gemeinschaftliche Gestaltung öffentlich zugänglicher Räume einbringen.

Gemeinsame Werte definieren und leben
Gemeinschaften brauchen gemeinsame Werte und Ziele. Unternehmen sind gefordert, ihre Schlüsselwerte zu definieren und zu leben. Auf die Werte des Zielpublikums zu schielen und sich diesen anzupassen ist wenig erfolgversprechend. Hingegen kann, wer eigene Werte authentisch lebt, mit loyalen Fans und Partnern rechnen und von deren Kreativität und Kooperation profitieren.

Markengemeinschaft online und offline pflegen
Marken, die über loyale Communities im Netz verfügen, können sich glücklich schätzen. Sie aufmerksam, wertschätzend und auf Augenhöhe zu pflegen ist Pflicht. Diese Beziehung kann zusätzlich gestärkt werden, indem gemeinsame Erlebnisse und Geschichten auch im realen Raum ermöglicht werden. Ziel ist, Kunden, Fans und Vertreter der Marke zusammenzubringen und sie gemeinsam an der Markengeschichte teilhaben zu lassen. Dazu gehören die Zugänglichkeit der Produktionsstätten ebenso wie Begegnungen mit interessanten Persönlichkeiten aus dem Markenumfeld oder gemeinschaftsstiftende Events.

Unternehmen und Stakeholder als Gemeinschaft verstehen
Wer es schafft, unter seinen Stakeholdern abseits des Kunden, wie z. B. Zulieferern, Mitarbeitern oder dem lokalen Umfeld, das Gefühl einer gemeinsamen Werte- und Interessengemeinschaft zu etablieren, wird von vertrauensvolleren und effektiveren Kooperationen profitieren. Es gilt, das Unternehmen nicht als bestimmenden Auftraggeber oder Investor, sondern als Teil einer Gemeinschaft mit gemeinsamen Zielen zu verstehen und als solcher zu agieren: wertschätzend, gleichberechtigt, auf Augenhöhe.

VERÄNDERUNG ZU 2009
WAS IST ANDERS?

Der Wert „Gemeinschaft" nimmt aktuell den 4. Platz ein und ist damit der Aufsteiger im Werte-Index. 2009 stand „Gemeinschaft" noch an 10. Stelle des Werte-Index.

Wie in der Vorstudie unterscheiden die User zwischen Netzwerken und Gemeinschaften. Doch inzwischen hat sich Facebook zum Synonym für soziale Netzwerke etabliert – als die Infrastruktur zur Verwaltung und Vertiefung persönlicher Beziehungen. Im Gegensatz dazu werden Communities als Interessengemeinschaften von den Usern hauptsächlich dazu genutzt, vor allem neue Bekanntschaften zu schließen. Die Intensität der Verbindlichkeit variiert je nach Zweck der Community.

Gemeinschaften im Internet bleiben die bestimmenden Elemente der Diskussionen.

Auffällig ist der hohe Stellenwert der Freundschaft in den Diskussionen der User. Freundschaft ist die wertvollste Form der Gemeinschaft, die auf Bedingungslosigkeit basiert. Sie erscheint als die einzige Gemeinschaftsform, an deren Dauerhaftigkeit die User glauben.

Ausgelöst durch die Finanz- und Euro-Krise, schwindet das Vertrauen in Bündnisse, das in der Vorstudie noch stärker ausgeprägt war. Die User trauen den politischen Institutionen aktuell weniger zu, große Herausforderungen erfolgreich zu bewältigen.

BEST PRACTICE

Culture Kitchen ist ein Start-up aus San Francisco. Die Geschäftsidee basiert auf dem interkulturellen Austausch zwischen alteingesessenen Einwohnern und neu zugezogenen Immigranten – und zwar beim Kochen. So lernen Amateurköche von Experten für ethnische Küchen die Zubereitung traditioneller Gerichte. *http://culturekitchensf.com/*

Miracle Machine ist eine von Miracle Whip initiierte Plattform, die zum Ziel hat, Wunder wahr werden zu lassen. Im sozialen Netzwerk Facebook werden Anliegen von Bedürftigen kommuniziert in der Hoffnung, dass sich jemand findet, der die Ressourcen hat, diese zu erfüllen. Das erste „Wunder", das vollbracht wurde, war der Besuch eines Piloten bei einem kranken Kind, das sich diesen persönlichen Kontakt gewünscht hatte. *www.facebook.com/WhippingUpMiracles*

Die Hamburger Agentur **PAART** bringt Unternehmen und potenzielle Kunden auf gemeinsamen Privatpartys zusammen. Privatpersonen richten die Party aus, die von Unternehmen mit ihren Marken ausgestattet und unterstützt werden. Unternehmen erhalten so einen privilegierten Zugang zu ihrer Zielgruppe. Partyveranstalter und -gäste haben die Chance auf einen ungewöhnlichen Abend. *http://www.paart.de*

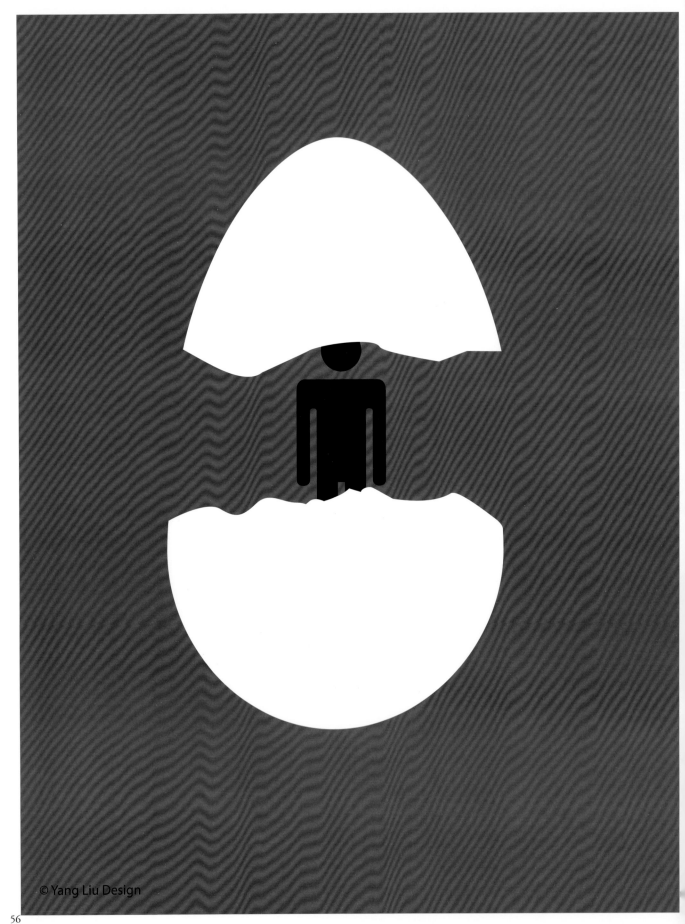

SICHERHEIT

Angst und Aktion: Politik und Institutionen geben dem Einzelnen nicht mehr das Gefühl, eine sichere Gegenwart und Zukunft zu haben. **Vertrauen in persönliche Beziehungen ist wichtiger geworden als das Vertrauen in öffentliche Personen.** Deshalb entwickeln immer mehr Menschen eine persönliche Doppelstrategie gegen ihre Ängste. Einerseits arbeiten sie, weil sie sich auf sich selbst verlassen müssen, an der Selbstoptimierung. Anderseits suchen sie in den neuen Netzwerken tragfähige Wertegemeinschaften. **Unternehmen** sollten dabei helfen und dazu beitragen, Vertrauen aufzubauen.

2012 auf Platz: 2009 auf dem 4. Rang. **5** →

TRENDPERSPEKTIVE
SICHERHEIT IN SICH SELBST FINDEN

Sicherheit wird unmöglich

Die moderne Gesellschaft ist ein Nährboden für Unsicherheit und Erfolgsdruck. Um heute auf dem Arbeitsmarkt zu bestehen, muss man besser gebildet sein, mehr leisten und sich schneller anpassen. Der Abbau des Sozialstaates hat materielle Unsicherheit und Abstiegsangst verursacht. Das allgemeine Risikobewusstsein wurde durch den Kollaps der globalen Finanzmärkte zusätzlich erhöht. Der Politik wird nicht zugetraut, diese Probleme zu lösen. Sicherheit ist nicht mehr eine selbstverständliche Grundbedingung. Die Strategie heißt deshalb, Sicherheit in sich selbst zu finden: Selbstsicherheit durch Selbstoptimierung.

Kompensation durch Vertrauen

Teil dieser Selbstsicherheit ist das persönliche Umfeld und seine Beziehungen. Man vertraut Menschen und nicht Institutionen. Diese Netzwerke helfen, das eigene Leben zu managen, und bilden ein Sicherheitsnetz, in das

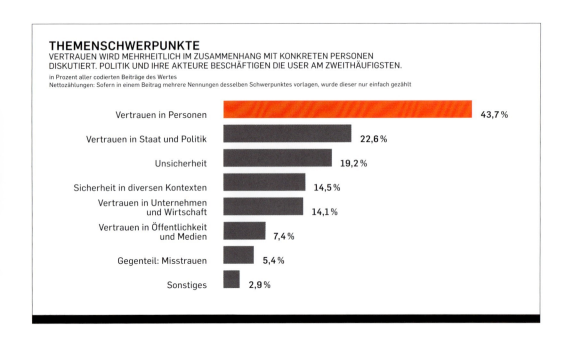

THEMENSCHWERPUNKTE
VERTRAUEN WIRD MEHRHEITLICH IM ZUSAMMENHANG MIT KONKRETEN PERSONEN DISKUTIERT. POLITIK UND IHRE AKTEURE BESCHÄFTIGEN DIE USER AM ZWEITHÄUFIGSTEN.

in Prozent aller codierten Beiträge des Wertes
Nettozählungen: Sofern in einem Beitrag mehrere Nennungen desselben Schwerpunktes vorlagen, wurde dieser nur einfach gezählt

Vertrauen in Personen	43,7 %
Vertrauen in Staat und Politik	22,6 %
Unsicherheit	19,2 %
Sicherheit in diversen Kontexten	14,5 %
Vertrauen in Unternehmen und Wirtschaft	14,1 %
Vertrauen in Öffentlichkeit und Medien	7,4 %
Gegenteil: Misstrauen	5,4 %
Sonstiges	2,9 %

man in Krisenzeiten zurückfallen kann. Aber die Dauerhaftigkeit und Stabilität von Beziehungen werden ebenso zu Herausforderungen. Während sich alle nach mehr Verbindlichkeit sehnen, sind immer weniger bereit, sich selbst langfristig zu binden. Wir sehnen uns nach Stabilität und werden selbst immer flexibler.

Selbstsicherheit als einzige Sicherheit

Die letzten beiden Dekaden brachten einen beispiellosen Zugewinn an Freiheit. Es gibt mehr Auswahl und mehr Optionen als jemals zuvor. Mehr Möglichkeiten zu reisen, einen Partner zu finden, mehr Einkaufsmöglichkeiten, mehr Wege, sich selbst zu verwirklichen. Diese Multi-Optionalität setzt den Menschen unter Entscheidungsdruck. Dieser Druck wird zusätzlich durch das Gefühl verstärkt, ständig das Beste haben und geben zu müssen. Es gilt, sich optimal vorbereitet zu fühlen. Das kann nur, wer die richtigen Entscheidungen trifft.

Gutes Gefühl als Voraussetzung

Unternehmen können keine Sicherheit anbieten. Wer es dennoch tut, macht sich unglaubwürdig. Was bleibt, ist, Vertrauen aufzubauen und den Konsumenten in seinen persönlichen Sicherheitsstrategien – Selbstsicherheit durch die Investition in sich selbst und sein Netzwerk – zu unterstützen.

Dazu gehört: Komplexität reduzieren, Entscheidungen erleichtern, Unterstützung zusichern, maximale Flexibilität gewährleisten, das Beste bieten.

Vertrauen entsteht außerdem durch das Gefühl der Verbundenheit. Die Basis dieser Verbundenheit sind gemeinsam geteilte Werte. Wenn Kunden und Unternehmen das Gleiche wichtig ist, ziehen sie automatisch an einem Strang. Die Interessen beider bleiben gewahrt. Positive Erfahrungen werden gemacht und mit den Peers besprochen.

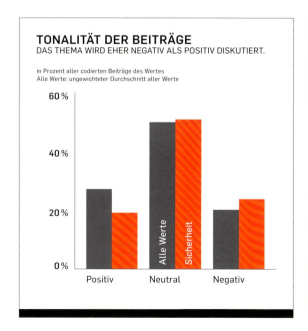

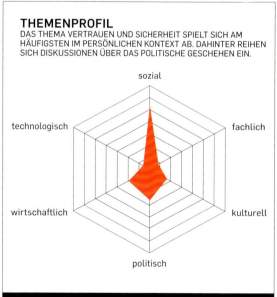

THEMEN
GEFAHREN FÜR DIE PERSÖNLICHE FREIHEIT

1. Vertrauen in Personen

Vertrauen ist die am meisten diskutierte Dimension von Sicherheit. Wenn es um das Vertrauen zu **öffentlichen Personen** geht, wird am häufigsten der **Vertrauensverlust** als Auswirkung ihres Fehlverhaltens diskutiert, vor allem in Hinblick auf die Institutionen, die sie vertreten. So rechnen die User durch die **Plagiatsaffäre** von zu Guttenberg mit einem Reputationsverlust des wissenschaftlichen Betriebs. Im Gegensatz dazu genießt der Fußball, seine Vereine und Spieler, **bedingungsloses Vertrauen** der jeweiligen Fans.

↪ *„ich möchte meinem partner vertrauen. ich weiß nur nicht, wie."*

In **persönlichen Beziehungen** wird Vertrauen als große **Herausforderung** diskutiert. **Fernbeziehungen** stellen das Vertrauen der User auf die Probe. Es gilt, die damit einhergehende **Unsicherheit auszuhalten.** Moderne Kommunikationstechnologien werden zum Ausspionieren des Partners eingesetzt. **Kontrolle** soll Vertrauen ersetzen. Vielfach drücken die User ihre **Angst vor Verletzung** aus

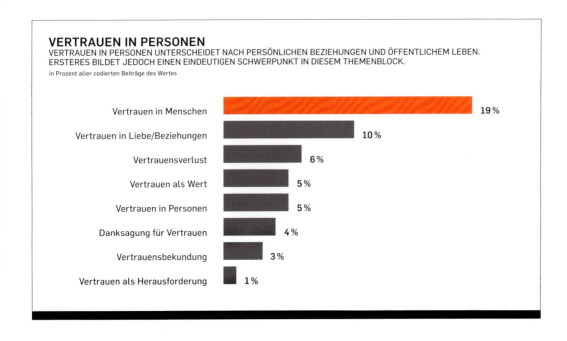

VERTRAUEN IN PERSONEN
VERTRAUEN IN PERSONEN UNTERSCHEIDET NACH PERSÖNLICHEN BEZIEHUNGEN UND ÖFFENTLICHEM LEBEN. ERSTERES BILDET JEDOCH EINEN EINDEUTIGEN SCHWERPUNKT IN DIESEM THEMENBLOCK.
in Prozent aller codierten Beiträge des Wertes

- Vertrauen in Menschen — 19%
- Vertrauen in Liebe/Beziehungen — 10%
- Vertrauensverlust — 6%
- Vertrauen als Wert — 5%
- Vertrauen in Personen — 5%
- Danksagung für Vertrauen — 4%
- Vertrauensbekundung — 3%
- Vertrauen als Herausforderung — 1%

und sind sich dessen bewusst, dass diese Angst Vertrauen konterkariert. Insgesamt lassen die Diskussionen auf eine Sehnsucht nach dem **Gefühl absoluter Sicherheit** schließen. Dabei ist Vertrauen in persönlichen Beziehungen für die User wichtiger als Vertrauen in öffentliche Personen.

2. Vertrauen in Staat und Politik

Das geringe **Vertrauen** der Diskutanten in **Staat** und **Politik** ist bezeichnend; ein Gefühl der Sicherheit kann sich nicht einstellen. Die politischen Mandatsträger müssen sich dem Vorwurf stellen, es nicht einmal mehr zu versuchen, das Vertrauen des Volkes zu gewinnen. Dieser **Argwohn** manifestiert sich vor allem im Zusammenhang mit bestimmten Ereignissen wie Stuttgart 21 oder dem Gesetz über den Atomausstieg.

> ➝ „glücklich würde mich machen, wenn ich den worten der politiker wieder vertrauen könnte."

Bei einigen Usern klingt die **Enttäuschung** über nicht eingehaltene **Versprechen** und **Zusagen** durch, andere wiederum finden Vertrauen in Politiker vor vorneherein **abwegig.** Das **Bedürfnis nach Vertrauen** in die Politik wird zwar deutlich, allerdings sind die Hoffnungen der User diesbezüglich verhalten. Des Weiteren werden in den Diskussionen **Sicherheitsfragen** thematisiert. Im Zusammenhang mit Datensicherheit wird das Gesetz zur **Vorratsdatenspeicherung** von der Mehrheit der User als „Stasi 2.0" diffamiert. Aber auch die **Terrorwarnungen** des Innenministeriums werden als übertrieben angesehen. Aus Sicht der User tragen sie nur zu mehr **Überwachung** bei. Sie sehen stattdessen ihre **persönliche Freiheit** gefährdet.

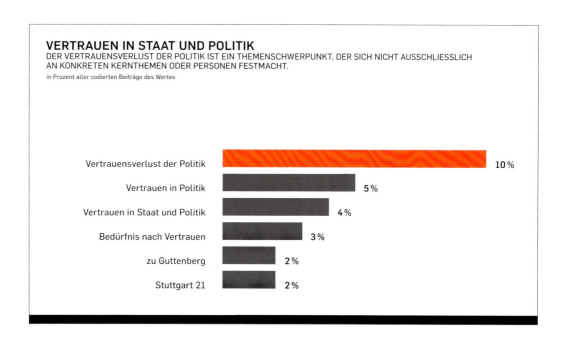

VERTRAUEN IN STAAT UND POLITIK
DER VERTRAUENSVERLUST DER POLITIK IST EIN THEMENSCHWERPUNKT, DER SICH NICHT AUSSCHLIESSLICH AN KONKRETEN KERNTHEMEN ODER PERSONEN FESTMACHT.
in Prozent aller codierten Beiträge des Wertes

Vertrauensverlust der Politik	10 %
Vertrauen in Politik	5 %
Vertrauen in Staat und Politik	4 %
Bedürfnis nach Vertrauen	3 %
zu Guttenberg	2 %
Stuttgart 21	2 %

3. Unsicherheit

Im Kontext der Unsicherheit wird überwiegend das **Gefühlsleben** der User diskutiert. Am häufigsten werden Themen der Partnerschaft und Beziehung angesprochen.

Dabei stehen die **Unsicherheit über die eigenen Gefühle** als auch über die des Partners im Mittelpunkt. Diese wird als Grund für eine nicht funktionierende Beziehung oder **Untreue** genannt.

Unsicherheit als **Schüchternheit** gegenüber dem anderen Geschlecht ist eher für **jüngere Diskutanten** Gesprächsanlass.

→ *"ich vertraue auf empfehlungen aus dem netz, weil sie von menschen mit spezifischen erfahrungen kommen."*

Ähnlich häufig wird Unsicherheit im Zusammenhang mit dem **Arbeitsleben** diskutiert. Sie zeigt sich bei **rechtlichen Fragen,** z. B. im Falle einer Kündigung, und bei **persönlichen Fragen,** wie z. B. der nach der passenden Berufswahl. In der Diskussion wird deutlich, dass **berufliche Selbstständigkeit** mit einem hohen Maß an Unsicherheit verbunden ist.

Nicht die finanzielle Sicherheit oder Auftragssicherheit steht im Mittelpunkt, sondern die Frage der **Gestaltung der Ich-AG:** z. B. wie eigene Ideen erfolgreich realisiert oder wie Preise festgelegt werden können.

Unsicherheit manifestiert sich auch im Kontext **alltäglicher Entscheidungen** – von der Anschaffung eines neuen Fernsehers bis zur Frage, was man zu einem bestimmten Anlass kochen soll. Die Menschen wollen sich **in allen Lebenslagen absichern** und holen sich Hilfe von Usern mit relevanten Kennt-

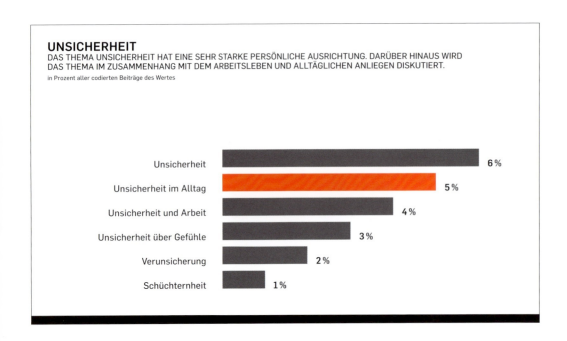

UNSICHERHEIT
DAS THEMA UNSICHERHEIT HAT EINE SEHR STARKE PERSÖNLICHE AUSRICHTUNG. DARÜBER HINAUS WIRD DAS THEMA IM ZUSAMMENHANG MIT DEM ARBEITSLEBEN UND ALLTÄGLICHEN ANLIEGEN DISKUTIERT.
in Prozent aller codierten Beiträge des Wertes

Unsicherheit	6 %
Unsicherheit im Alltag	5 %
Unsicherheit und Arbeit	4 %
Unsicherheit über Gefühle	3 %
Verunsicherung	2 %
Schüchternheit	1 %

nissen und Erfahrungen. Insbesondere bei **Kaufentscheidungen** wird häufig die Meinung der Community eingeholt.

4. Weitere Schwerpunkte

Einen weiteren Schwerpunkt bildet die Diskussion über Vertrauen in **Wirtschaft** und **Unternehmen.** Man ist sich einig, dass Vertrauen der **Mitarbeiter** in das eigene Unternehmen genauso wichtig ist wie das der **Kunden.** In einigen Fällen geben User den Unternehmen Ratschläge, wie sie nach einem Fehler das **Vertrauen der Kunden zurückgewinnen** können.

Häufig diskutiert wird außerdem das **Vertrauen in Öffentlichkeit und Medien.** Während **Mainstream-Medien** generelles **Misstrauen** ernten, geben die User an, auf die **Meinungen im sozialen Netz** zu vertrauen. Selbst als Unwetter-Warnsystem scheinen ihnen Twitter und Co. besser für diese Aufgabe geeignet zu sein als Prognosen, die in klassischen Medien ausgestrahlt werden. Um die Seriosität der klassischen Medien zu sichern, äußern einige User die Bereitschaft, **Kostenbeiträge,** z. B. in Form von **Gebühren,** zu leisten. Man möchte damit die potenzielle **Käuflichkeit der Redaktionen** verhindern.

➥ *„eine klare terminzusage von meinem provider würde nach diesem offensichtlichen fehler wieder vertrauen schaffen."*

Auffällig ist, dass die Finanzkrise ein eher untergeordnetes Thema darstellt. In diesem Zusammenhang wird einerseits das **fehlende Vertrauen** der Anleger in die Währung thematisiert, andererseits die **Vertrauenswürdigkeit** der **deutschen Wirtschaft** herausgestellt.

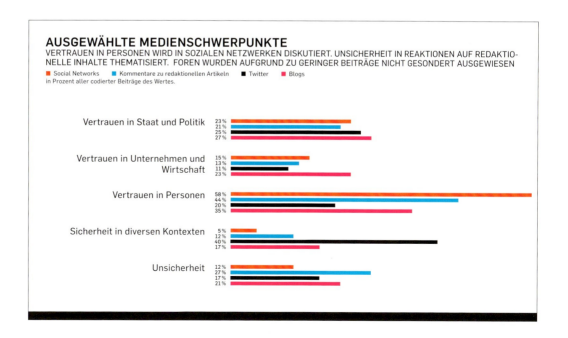

WAS HEISST DAS FÜR UNTERNEHMEN UND MARKEN?

Komplexität durch Optimierung reduzieren
Die Auswahl an Produkten und Einkaufsmöglichkeiten scheint schier unendlich. Für den einzelnen Kunden ist schließlich nur ein Angebot relevant: das für ihn beste. Diese Selektion kann er selbst treffen, wenn ihm Werkzeuge für das Matching seiner Bedürfnisse mit dem Angebot zur Verfügung stehen. Die Vereinfachung der Auswahl kann auch Teil des Service sein: personalisierte Angebote, die sich flexibel an die wechselnden Bedürfnisse des Kunden anpassen. Oder in Form eines Portfolios, das ausschließlich aus Test- und Ranking-Siegern besteht.

Selbstsicherheit und -optimierung unterstützen
Wer besser als andere sein will, muss wissen, wo er im Rennen steht. Selbstsicherheit kann messbar gemacht werden. Bei der Selbstoptimierung helfen Werkzeuge: bei der Messung eigener Leistungsdaten und beim Vergleich und Benchmarking mit anderen. In spielerische Zusammenhänge integriert, bieten solche Vergleichsinstrumente zusätzlich ein Spaß-Moment.

After-Sales-Service ausbauen
Marken müssen Kunden auch nach dem Kauf das Gefühl geben, gut aufgehoben zu sein – mit einem exzellenten After-Sales-Service. Dazu gehören kostenlose Updates, unkomplizierter und rascher Support bei Schwierigkeiten, günstige und personalisierte Angebote zum Erwerb von Zubehör sowie bequeme Möglichkeiten, sich des Produkts wieder zu entledigen.

Nähe durch gelebte Werte schaffen
Eine gemeinsame Werteorientierung baut Nähe auf. Werte dienen als Identitätsanker, die eine tiefere Verbundenheit mit der Marke suggerieren. Dabei kann es sich um Tradition, Herkunft oder Geschichte handeln. Gleichzeitig ist das gemeinsame Verständnis von Service, Qualität und Einkaufserlebnis entscheidend. Für die Marke gilt es, Werte und Wurzeln in ihre Markenstory einzubinden und an jedem Touchpoint mit dem Kunden zu leben.

Verbindlichkeit reduzieren
Die Bindungsbereitschaft der Menschen nimmt ab. Die ungeliebte Verbindlichkeit kann durch jederzeit kündbare Verträge und Kaufabschlüsse mit Rücknahmegarantie reduziert werden. Der Kunde muss das Gefühl haben, seine Entscheidung jederzeit ohne Verluste rückgängig machen zu können. Nur wer frei ist, kann sicher sein, jederzeit die beste Variante wählen zu können.

VERÄNDERUNG ZU 2009
WAS IST ANDERS?

Der Wert „Sicherheit" belegt den 5. Platz des Werte-Index 2012. Im Jahr 2009 landete der Wert auf dem 4. Platz.

In der ersten Ausgabe des Werte-Index gab es eine klare Tendenz zum politischen Kontext. Dabei ging es vornehmlich um Themen wie staatliche Überwachung, den Einsatz deutscher Soldaten in Krisengebieten und – auf einer eher staatsphilosophischen Ebene – die persönlichen Freiheitsrechte. Im Vergleich dazu geht es im Jahr 2012 etwas weniger häufig um politische Anliegen. Sicherheit als Vertrauen nimmt 2012 einen noch wichtigeren Stellenwert als 2009 ein.

Sicherheit in Form von Vertrauen wird am wichtigsten.

Auffällig ist außerdem die veränderte Gewichtung des Themas Finanzkrise, das 2009 relativ stark vertreten war. Nicht nur nimmt das Thema einen geringeren Stellenwert ein, es verändert sich auch der Tenor der Debatte. Es geht jetzt weniger um individuelle Konsequenzen der Finanzkrise, sondern mehr um eine gesamtwirtschaftliche Einordnung von Deutschland im Kontext der Finanz- und Euro-Krise.

BEST PRACTICE

Zappos, der US-amerikanische Schuhversender, ist das Vorzeigebeispiel für exzellenten Kundenservice, zu dem kostenloser Versand und die Möglichkeit einer kostenlosen Rücksendung innerhalb von 365 Tagen gehören. Im Kundenservice fokussiert der Versender auf den Wow-Effekt – das Erstaunen der Kunden, dass man sich um sie kümmert. Dafür sorgen Callcenter-Mitarbeiter, die im Unternehmen einen sehr hohen Stellenwert genießen. *http://www.zappos.com/*

Brunch Bazar ist ein monatlich stattfindendes Event in Paris, das neben einem Community-Brunch zahlreiche Aktivitäten wie Kochkurse oder Kreativworkshops für Kinder umfasst. Marken bekommen die Möglichkeit, eine der Aktivitäten zu sponsern oder ihre Produkte in diesem Rahmen zu präsentieren. In einer entspannten Atmosphäre, die auf Unterhaltung und Wissensvermittlung und nicht auf Verkaufen zielt, können sie ihren Kunden näherkommen. *http://brunchbazar.com/*

Um die Konsumenten zum Sparen für das Alter zu bewegen und ihnen dennoch volle Flexibilität bei ihren Finanzen zu ermöglichen, hat **Cosmos Direkt** das „Flexible Vorsorgekonto" eingeführt. Der Konsument zahlt jeden Monat einen von ihm frei gewählten Betrag ein, erhält feste Zinsen und kann jederzeit auf seine Ersparnisse zugreifen. *http://www6.cosmosdirekt.de*

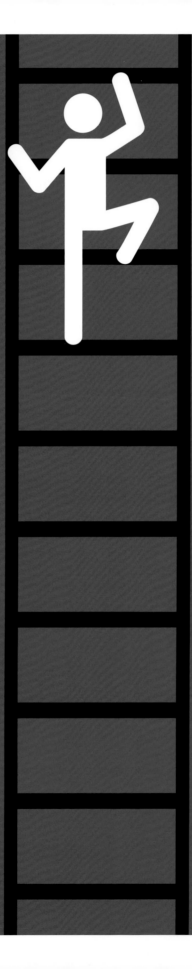

ERFOLG

Glück und Gewinn: Der maximale Profit ist nicht mehr alleiniges Ziel jeden Wirtschaftens. Denn finanzieller Erfolg und ideelle und ethische Ziele schließen sich nicht aus. **Materieller und immaterieller Erfolg, Geld und Glück sind keine Gegenpole mehr.** Vielmehr bedingen sie einander stärker denn je. **Unternehmen** werden Profite erzielen, wenn sie sozialen und ökologischen Zielen folgen.

2012 auf Platz: **6**
2009 auf dem 2. Rang.

TRENDPERSPEKTIVE
VERSÖHNUNG VON MATERIALISMUS UND IDEALISMUS

Erfolge offenbaren ein Wertesystem

Als Erfolg wird angesehen, was Wert hat. Wer erfolgreich ist, taugt als Vorbild. Was Erfolg hat, zeigt uns ein erstrebenswertes Ziel. Angesichts einer zunehmend unübersichtlichen Zukunft werden klare Zielsetzungen zugleich schwieriger und wichtiger. Ziele werden immer mehr in die Gegenwart verschoben. Der Planungshorizont wird enger. Vor die Ziele in der Zukunft drängen sich kurzfristigere Vorhaben. Man will auch im Hier und Jetzt gut leben.

Der Weg ersetzt das Ziel

Der traditionelle Weg zum Erfolg, der über Entbehrungen zu einem fernen Punkt finanzieller Belohnung führt, ist immer weniger relevant. Materielle Erfolge von Stars, Produkten und Unternehmen sind zwar eine wichtige Benchmark. Noch wichtiger ist aber, wie dieser Erfolg zustande kam: Die Geschichte

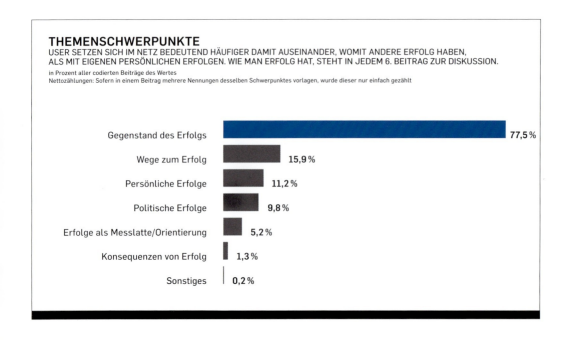

THEMENSCHWERPUNKTE
USER SETZEN SICH IM NETZ BEDEUTEND HÄUFIGER DAMIT AUSEINANDER, WOMIT ANDERE ERFOLG HABEN, ALS MIT EIGENEN PERSÖNLICHEN ERFOLGEN. WIE MAN ERFOLG HAT, STEHT IN JEDEM 6. BEITRAG ZUR DISKUSSION.

in Prozent aller codierten Beiträge des Wertes
Nettozählungen: Sofern in einem Beitrag mehrere Nennungen desselben Schwerpunktes vorlagen, wurde dieser nur einfach gezählt

Gegenstand des Erfolgs	77,5 %
Wege zum Erfolg	15,9 %
Persönliche Erfolge	11,2 %
Politische Erfolge	9,8 %
Erfolge als Messlatte/Orientierung	5,2 %
Konsequenzen von Erfolg	1,3 %
Sonstiges	0,2 %

und Motivation hinter den Erfolgstypen zählen. Aber der Einzelne emanzipiert sich zugleich zunehmend von Vorbildern und Materialismus. Erfolg sieht er immer mehr darin, dass seine Interessen und Ziele in Bezug auf die Gesellschaft und deren Zukunft vorangetrieben werden. Erfolgreich ist, wer Anerkennung erntet und es schafft, andere für die eigene Sache zu engagieren.

Versöhnung von Glück und Geld

Bislang galt finanzieller Wohlstand als Gegenpol zu immateriellem Glück wie Gesundheit und Familie. In Zukunft gilt als Erfolg, nicht mehr wählen zu müssen: finanziellen und immateriellen Erfolg so zu gestalten, dass sie sich nicht ausschließen, sondern vielmehr aufeinander aufbauen. Nicht nur im Sinne der Maslow'schen Bedürfnispyramide – zuerst die finanzielle Sicherheit, dann die Selbstverwirklichung –, sondern auch umgekehrt: Ökonomisch nachhaltig erfolgreich kann dann nur sein, wer sich selbst und seine Bedürfnisse kennt und diese auch befriedigen kann.

Neudefinition von Unternehmenserfolg

Unternehmen müssen lernen, was ihre Kunden als Erfolg werten. Diesen geht es sowohl um kurzfristige hedonistische Wünsche als auch um Ziele in der ferneren Zukunft. Erstere gilt es zu erfüllen. Für letztere können Orientierung und Unterstützung geleistet werden. Nicht zuletzt müssen Unternehmen beherzigen, dass ökonomische Erfolge wertlos sind, wenn die Lebensqualität von Mitarbeitern, Kunden und anderen Menschen nicht ebenso verbessert wird. Gewinnmaximierung ist nicht mehr selbst das Ziel, sondern die Folge von sozialem und ökologischem Handeln. Wer so wirtschaftet, kann sich einer Fan-Basis, die selbst am Erfolg des Unternehmens mitarbeiten will, sicher sein.

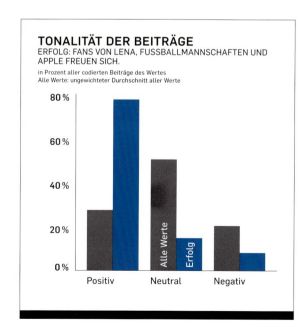

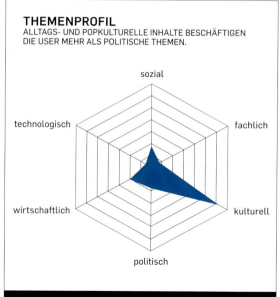

THEMEN
ORIENTIERUNG DURCH VORBILDER UND FORMELN

1. Gegenstand des Erfolgs

Was kann einen Erfolg bedeuten? Hier zeigen sich in der User-Diskussion zwei grundlegende Tendenzen: In den Sphären der Musik und des Sports diskutieren User aus **Fan-** oder **Beobachter-Perspektive** allen voran **nationale Bezugsgrößen** wie die Erfolge der Fußballnationalmannschaft bei der **WM 2010** sowie den Auftritt von Lena beim **Eurovision Song Contest** in Oslo. Der dritte große Diskussionsbereich widmet sich erfolgreichen Projekten, an denen die diskutierenden User selbst **teilnehmen** oder bei denen sie **Stakeholder** sind, also konkretes Interesse am Erfolg haben. Im Vordergrund steht die erfolgreiche Organisation **politischen Protests,** wie z. B. im Rahmen der Bildungspolitik, oder Gegenaktionen anlässlich rechtsradikaler Kundgebungen.

→ *„bildungsstreik war ein erfolg! die reform muss von unten kommen!"*

Erfolgsberichte motivieren, leiten aber auch konkret an, wie Proteste am besten organisiert werden: So finden sich Anweisungen für die richtige **Ausführung** ebenso wie Benchmarks für wünschenswerte **Resultate.**

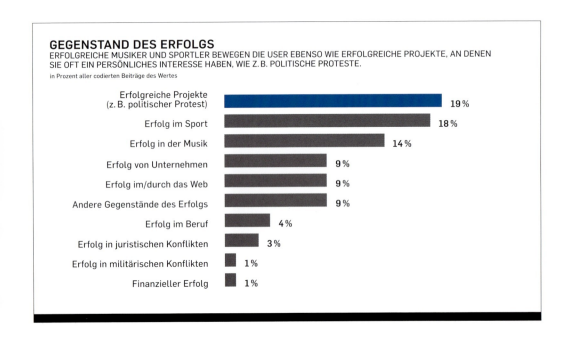

GEGENSTAND DES ERFOLGS
ERFOLGREICHE MUSIKER UND SPORTLER BEWEGEN DIE USER EBENSO WIE ERFOLGREICHE PROJEKTE, AN DENEN SIE OFT EIN PERSÖNLICHES INTERESSE HABEN, WIE Z. B. POLITISCHE PROTESTE.
in Prozent aller codierten Beiträge des Wertes

Erfolgreiche Projekte (z. B. politischer Protest)	19 %
Erfolg im Sport	18 %
Erfolg in der Musik	14 %
Erfolg von Unternehmen	9 %
Erfolg im/durch das Web	9 %
Andere Gegenstände des Erfolgs	9 %
Erfolg im Beruf	4 %
Erfolg in juristischen Konflikten	3 %
Erfolg in militärischen Konflikten	1 %
Finanzieller Erfolg	1 %

Im Gespräch über Unternehmen und Produkte dominiert die Firma **Apple** mit ihrem **iPad. Analysen** des Erfolgs stehen neben allgemeiner Bewunderung vonseiten der **Fan-Gemeinschaft.** Einen ähnlich prominenten Stellenwert genießt Social Media: als Medium mit durchschlagendem Erfolg aufgrund **hoher Nutzerzahlen;** als **Werkzeug,** das User für die erfolgreiche Umsetzung eigener Projekte verwenden; und als neue Arena, in der es für **Unternehmen** gilt, sich erfolgreich zu behaupten.

Erfolg als ausschließlich **finanzieller Erfolg** ist vergleichsweise selten Thema. Wenn, dann geschieht das mit einer abwertenden Konnotation: Erfolg, der ausschließlich in Geld oder Statussymbolen gemessen wird, ist für die diskutierenden User **wertlos.**

2. Wege zum Erfolg

User wenden sich mit der konkreten Frage nach erfolgversprechenden Tipps an die Community. Darüber hinaus steht die Analyse von Erfolgen im Mittelpunkt. User versuchen, daraus allgemeingültige Erfolgsrezepte abzuleiten. Das Spektrum der sich herauskristallisierenden Wege und Mittel ist sehr differenziert: Als wichtiger als harte Arbeit und klassische soziale Fähigkeiten zur effektiven **Kooperation** werden einzelne Personen erachtet. Das sind meist prominente Personen, die sich durch ihre **Erfolge,** ihre fachlichen und sozialen **Fähigkeiten** sowie ihre **Netzwerke** als Erfolgsgaranten qualifizieren – und denen deswegen gern ein „Erfolgs-" vor ihre Berufsbezeichnung als Trainer, Producer oder Ähnliches gestellt wird. Von Mitarbeitern oder Team-Mitgliedern ist relativ selten die Rede.

Neben diesen Faktoren lassen sich eine Fülle anderer Erfolgskriterien identifizieren: Für Unternehmen und Produkte kann man diese zu den Faktoren

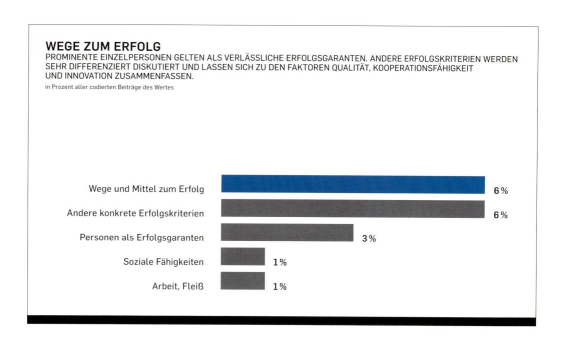

WEGE ZUM ERFOLG
PROMINENTE EINZELPERSONEN GELTEN ALS VERLÄSSLICHE ERFOLGSGARANTEN. ANDERE ERFOLGSKRITERIEN WERDEN SEHR DIFFERENZIERT DISKUTIERT UND LASSEN SICH ZU DEN FAKTOREN QUALITÄT, KOOPERATIONSFÄHIGKEIT UND INNOVATION ZUSAMMENFASSEN.
in Prozent aller codierten Beiträge des Wertes

Wege und Mittel zum Erfolg	6 %
Andere konkrete Erfolgskriterien	6 %
Personen als Erfolgsgaranten	3 %
Soziale Fähigkeiten	1 %
Arbeit, Fleiß	1 %

Qualität, Kooperationsfähigkeit und **Mut zur Innovation** zusammenfassen. Es geht einerseits um benutzerfreundliche gute Produkte; andererseits um die Offenheit des Unternehmens gegenüber Kundenwünschen: Aktives Zuhören und effektive Umsetzung stehen im Mittelpunkt. Hingegen wird bei der Erfolgsmarke **Apple** die mangelnde Offenheit gegenüber anderen technologischen Standards als willkommene Innovation in Richtung **Einfachheit** bewertet.

→ *„wenn ihr ein ziel erreichen wollt – was haltet ihr für am wichtigsten, damit es klappt?"*

Als Grundlage individuellen Erfolgs gilt die psychische und mentale Disposition: Die Fähigkeit zur **Selbstreflexion** über die eigenen Ziele und deren Priorität, die richtige **Einstellung** sowie ein hohes Maß an **Authentizität** werden als die wichtigsten Faktoren erachtet.

3. Persönliche Erfolge

User sprechen vor allem über die Erfolge anderer, wie in den vorangegangenen Abschnitten erläutert wurde. Um den eigenen Erfolg oder den Erfolg von Freunden und Bekannten geht es nur in jedem zehnten Beitrag. Hier steht der Wunsch von Erfolg im Mittelpunkt – vom sehr allgemeinen **Wunsch** zum Geburtstag bis zu konkreten Vorhaben. Von eigenen Erfolgen wird in der Netz-Community häufig in Bezug auf **Recherchen** nach **Problemlösungen** berichtet.

→ *„wer erfolg und sinn mit einkommen gleichsetzt, ist auf dem falschen dampfer."*

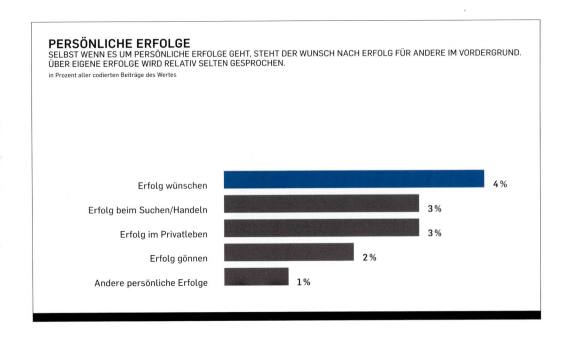

PERSÖNLICHE ERFOLGE
SELBST WENN ES UM PERSÖNLICHE ERFOLGE GEHT, STEHT DER WUNSCH NACH ERFOLG FÜR ANDERE IM VORDERGRUND. ÜBER EIGENE ERFOLGE WIRD RELATIV SELTEN GESPROCHEN.
in Prozent aller codierten Beiträge des Wertes

- Erfolg wünschen — 4 %
- Erfolg beim Suchen/Handeln — 3 %
- Erfolg im Privatleben — 3 %
- Erfolg gönnen — 2 %
- Andere persönliche Erfolge — 1 %

Erfolg im Privatleben bezieht sich vor allem auch auf die **Vereinbarkeit von Familie und Beruf,** die stärker wertgeschätzt wird als Karriere- und finanzielle Ziele. Glücklich schätzen sich jene, die beides unter einen Hut bekommen.

4. Weitere Schwerpunkte

Die Erfolge politischer Parteien stehen vor allem in Bezug auf die **Piratenpartei** und die **FDP** im Nachklang des Bundestagswahljahres 2009 zur Diskussion. Kritisch sehen User, was von der Politik als „Erfolg" präsentiert wird – in der Regel werten User diese Ergebnisse nicht als Erfolg. Der Politik wird unterstellt, die **Werte** und **Logik** der **Netz-Community** nicht zu verstehen – sonst würde sie sich nicht mit solch „falschen Erfolgen" brüsten.

> ➡ „,die regierung hat diese politik erfolgreich umgesetzt' – wie bitte?!"

Des Weiteren werden Erfolge von anderen als Messlatte oder zur Orientierung herangezogen. **Kennzahlen** – von User-Klicks über verkaufte Alben bis zur Anzahl geschaffener Arbeitsplätze – werden verglichen. Der **Superlativ** des „Erfolgreichsten" wird mit entsprechendem Zahlenmaterial belegt.

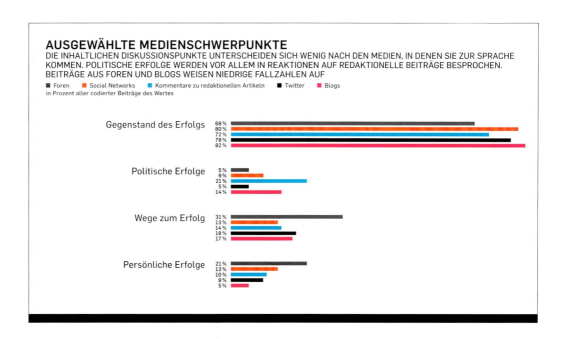

WAS HEISST DAS FÜR UNTERNEHMEN UND MARKEN?

Erfolg neu definieren
Finanzieller Erfolg ist für User durchaus wichtig, aber ausschließliches Streben nach Materiellem erfährt keine Anerkennung. Das gilt auch für Unternehmen. Für sie heißt es, Erfolgsindikatoren abseits von Gewinnzahlen und Profitmargen zu definieren: Quantitative Kriterien in Bezug auf soziale und ökologische Faktoren machen alternative Erfolge messbar – und damit präsentierbar und auch verkaufbar.

Ganzheitlichen Erfolg als Arbeitgeber bieten
Erfolg bemisst sich nicht mehr allein am Lohnzettel. Erfolgreich sehen sich vor allem jene, die es schaffen, verschiedene Lebensziele gleichzeitig zu verfolgen: sei es eine Familie, ein ambitioniert verfolgtes Hobby oder ein ehrenamtliches Engagement. Unternehmen können ihren Einfluss als Arbeitgeber auf die Lebensgestaltung ihrer Mitarbeiter nutzen. Diese werden sich mit nachhaltigem Commitment erkenntlich zeigen.

Erfolge bieten
Erfolg ist meistens der Erfolg der anderen. Umso wertvoller sind Möglichkeiten, sich selbst als erfolgreich zu beweisen. Das gilt insbesondere für Jugendliche. Unternehmen können sich als „Enabler" positionieren, die Orientierung, Unterstützung und Praxis bieten, z. B. in der beruflichen Ausbildung oder Erprobung als Künstler. Entscheidend ist, dass der Erfolg der Teilnehmer im Mittelpunkt steht, nicht der Marketingerfolg des Unternehmens. Qualität, Authentizität und die richtigen Multiplikatoren in der Unterstützung sind ausschlaggebend.

Kunden am eigenen Erfolg teilhaben lassen
Stars, Fußballmannschaften und Apple machen es vor: Wer Fans hat, erfährt viel Unterstützung für den eigenen Erfolg. Für Unternehmen gilt es, ihre eigene Fan-Basis aufzubauen, die zum Teil des Unternehmenserfolgs wird: weil sie mitarbeitet, Feedback gibt, das Unternehmen empfiehlt oder verteidigt, sich über Erfolge der Marke mitfreut. Die beste Grundlage für einen Fan-Club sind gemeinsame Werte und Ziele, die glaubwürdig verfolgt werden.

VERÄNDERUNG ZU 2009
WAS IST ANDERS?

2012 nimmt der Wert „Erfolg" nur noch den 6. Rang ein. 2009 war der Wert „Erfolg" im Web eines der wichtigsten Themen und belegte den 2. Platz des Werte-Index-Rankings.

Vor zwei Jahren standen mit Twitter und StudiVZ bereits Social-Media-Themen im Mittelpunkt. Im Bereich der Politik wurden vor allem die Erfolge der Linkspartei von den Usern analysiert. Dieser Fokus hat sich 2012 zu den Newcomern der Piratenpartei verschoben.

2012 drängt die Piratenpartei in den Fokus, der 2009 noch auf der Linkspartei lag.

Arbeit und Fleiß als Weg zum garantierten Erfolg waren 2009 auffällig stärker vertreten. Ebenso die Dimension des eigenen beruflichen Erfolgs als Grundlage für soziale Anerkennung.

Schon 2009 wies der Wert „Erfolg" eine überwiegend positive Gesprächsstimmung auf, aber 2012 ist die Diskussion noch ein Stück weiter mit positiv konnotierten Themen verbunden. Die überwältigende Mobilisierung von Lena-Fans im Zuge des Eurovision Song Contest und von Anhängern der deutschen Fußballnationalmannschaft im Jahr der WM hat daran sicher ihren Anteil.

BEST PRACTICE

Die **Sparda-Bank München** legt im Oktober 2011 zum ersten Mal statt einer herkömmlichen Bilanz eine Gemeinwohl-Bilanz vor. Statt Eigenkapitalrendite und Zinsertrag wird präsentiert, inwieweit Mitarbeiter über ihre Arbeitsbedingung mitentscheiden können, ob Kunden auch nach ökologischen Kriterien ausgewählt wurden und um wie viel das Gehalt eines Vorstands das eines einfachen Mitarbeiters übertrifft. *http://www.sparda-m.de; http://www.gemeinwohl-oekonomie.org*

Mit seinem **Women Entrepreneur Program** will PepsiCo weibliche High Potentials in Schwellenländern unterstützen. Jeder Entrepreneurin wird eine erfahrene PepsiCo-Managerin als Sparringspartnerin zur Seite gestellt. Zusätzlich erhalten die Teams Coachingprogramme, Kompetenzbildung und den Zugang zu Ressourcen und Netzwerken. *http://www.werteindex.de/link_to_pepsico*

Die **Red Bull Music Academy** fördert junge Musiker mit dem Fokus auf Hip-Hop und Club-Music. In einem jährlichen Seminarprogramm erwarten ausgewählte Teilnehmer qualitativ hochwertige Ausbildungsinhalte von international renommierten Experten. Für den Erfolg der Academy spricht, dass Events und Absolventen in der Szene als vollwertig anerkannt werden. *http://www.redbullmusicacademy.com*

ANERKENNUNG

Der Wert der Wertschätzung: Titel und Hierarchien gelten immer weniger. Jeder muss sich seine Position immer aufs Neue erarbeiten. **Anerkennung ist die begehrte Währung der Netzwerkökonomie.** Nur Anerkennung gibt Identität, schafft stabile Beziehungen und motiviert zu besseren Leistungen. **Unternehmen** müssen umdenken: Der Kunde wird zum Partner auf Augenhöhe, wer seine Anerkennung gewinnen will, muss gemeinsame Werte tatsächlich leben.

2012 auf Platz: **7**
2009 auf dem 8. Rang.

TRENDPERSPEKTIVE
LANGFRISTIGE BEZIEHUNGEN GEWINNEN HÖCHSTEN WERT

Netzwerk erfordert neue Voraussetzungen

Das Netzwerk hat die Hierarchie als dominierendes Organisationsprinzip abgelöst. Position, Autorität oder Titel entscheiden immer weniger darüber, ob mit dem Vertrauen, Wohlwollen und Commitment des Gegenübers gerechnet werden kann. Dieses Prinzip bedeutet für den Einzelnen mehr Freiheit, aber auch mehr Risiko. Kontakte und Partner können nicht nur, sie müssen sogar freier gewählt werden. Die eigene Position im Netzwerk muss stets aufs Neue verteidigt und bestätigt werden.

Anerkennung als begehrte Währung

Unter diesen Bedingungen etabliert sich Anerkennung als alternative und vor allem begehrte Währung. Denn Anerkennung macht – wie Vertrauen

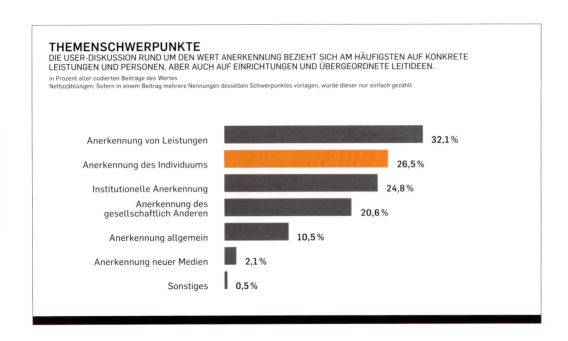

THEMENSCHWERPUNKTE
DIE USER-DISKUSSION RUND UM DEN WERT ANERKENNUNG BEZIEHT SICH AM HÄUFIGSTEN AUF KONKRETE LEISTUNGEN UND PERSONEN, ABER AUCH AUF EINRICHTUNGEN UND ÜBERGEORDNETE LEITIDEEN.

in Prozent aller codierten Beiträge des Wertes
Nettozählungen: Sofern in einem Beitrag mehrere Nennungen desselben Schwerpunktes vorlagen, wurde dieser nur einfach gezählt

- Anerkennung von Leistungen — 32,1 %
- Anerkennung des Individuums — 26,5 %
- Institutionelle Anerkennung — 24,8 %
- Anerkennung des gesellschaftlich Anderen — 20,6 %
- Anerkennung allgemein — 10,5 %
- Anerkennung neuer Medien — 2,1 %
- Sonstiges — 0,5 %

– Beziehungen stabiler und belastbarer. Sie sorgt für Sicherheit zwischen Netzwerkpartnern. Die Bestätigung anderer stärkt die Identität des Einzelnen. Die Anerkennung vieler resultiert in Reputation. Darüber hinaus motiviert Anerkennung zu Leistungen, die mit Geld unbezahlbar wären. Und im Gegensatz zu Geld bestimmt über die Verteilung von Anerkennung jeder Einzelne selbst: Er schenkt so viel Anerkennung, wem immer er will.

Wer anerkennt, verpflichtet sich

Aber die Anerkennung des Einzelnen will verdient werden. Sie kann nur gegeben, nie genommen werden.

Wer Anerkennung erhalten will, muss zunächst selbst sein Gegenüber respektieren. Es gilt, ihn kennenzulernen – seine Vorlieben, seine Geschichte, sein Verhalten –, um ihn wertschätzen zu können. Wer Anerkennung schenkt, geht zudem eine Verpflichtung seinem Nächsten gegenüber ein: Anerkennung impliziert das Versprechen, ihn nicht zu übergehen, seine Wünsche zu respektieren und seine Leistungen zu honorieren. Wer behauptet, andere zu respektieren, kann nicht mehr tun und lassen, was ihm gefällt.

Augenhöhe schaffen, gemeinsame Werte leben

Unternehmen müssen sich in der Netzwerkökonomie von ihrer überlegenen Position verabschieden. Für sie gilt es zu erkennen, dass langfristig stabile Beziehungen mehr wert sind als kurzfristige Gewinnoptimierung. Aus Unternehmen und Kunden werden Partner. Wer seinen Kunden anerkennt, begegnet ihm auf Augenhöhe, respektiert seine Bedürfnisse und schätzt seine Leistungen. Ein solches Verhalten ist mehr wert als Geld. Gemeinsame Werte, die tatsächlich gelebt werden, sind die zuverlässigste Basis für gegenseitige Anerkennung.

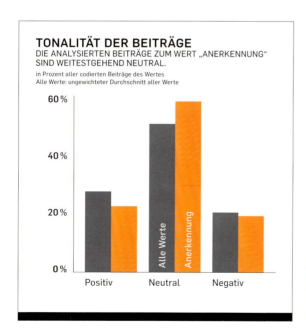

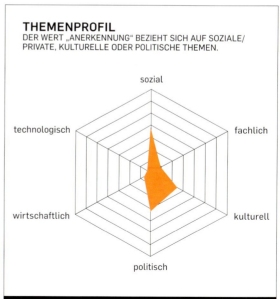

THEMEN
DIE NEUEN QUELLEN DER WERTSCHÄTZUNG

1. Anerkennung von Leistungen

Die Anerkennung von **individuellen Leistungen** bezieht sich vor allem auf solche in **Beruf, Bildung** und anderen Bereichen. In vielen Beiträgen geht es um **künstlerische Arbeiten** in bildender Kunst und Musik. Unter Anerkennung wird hier einerseits die **soziale Anerkennung** im Sinne von **Wertschätzung** und das **Ernstgenommenwerden** verstanden. Andererseits geht es um **finanzielle Anerkennung** – die Bereitschaft von Käufern und Kunstmarkt, angemessene Preise für Kunstwerke zu bezahlen. **Fehlender Respekt** vor der Wissenschaft wird zu Guttenberg in Bezug auf seine Doktorarbeit vorgeworfen.

→ *„wer ehrenamtlich engagiert ist, sollte den respekt der politik erwarten können!"*

Am häufigsten zollen User **intellektuellen** und **ideellen Leistungen** ihren Respekt. Dazu zählen Ideen, die in ihrem Ursprung innovativ oder ungewöhnlich waren, sich durch ihre Qualität im Lauf der Geschichte als Common Sense etabliert haben. Kants kategorischer Imperativ gehörte in der Vergangenheit dazu. Aktuelle Beispiele beziehen sich vor allem auf **politische Ideen,**

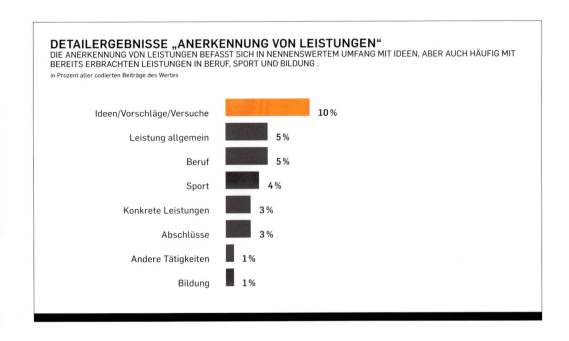

DETAILERGEBNISSE „ANERKENNUNG VON LEISTUNGEN"
DIE ANERKENNUNG VON LEISTUNGEN BEFASST SICH IN NENNENSWERTEM UMFANG MIT IDEEN, ABER AUCH HÄUFIG MIT BEREITS ERBRACHTEN LEISTUNGEN IN BERUF, SPORT UND BILDUNG.
in Prozent aller codierten Beiträge des Wertes

Ideen/Vorschläge/Versuche	10 %
Leistung allgemein	5 %
Beruf	5 %
Sport	4 %
Konkrete Leistungen	3 %
Abschlüsse	3 %
Andere Tätigkeiten	1 %
Bildung	1 %

wie beispielsweise den Mindestlohn, denen das Potenzial zugesprochen wird, die Gesellschaft nachhaltig zum Positiven zu verändern. Die Anerkennung der User ernten auch all jene, die unter **persönlichem Einsatz** für solche und andere idealistische Ziele kämpfen.

Anerkennung im Sport ist vor allem auch im Sinne von **gegenseitigem Respekt** der Mannschaften und **Fair Play** Thema. Besondere Anerkennung der User erfahren Sportler, die sich trotz widriger Umstände oder ursprünglicher Geringschätzung nach oben gekämpft haben.

→ *„angesichts des zustands, in dem obama das land übernommen hat, kann man vor ihm nur respekt haben."*

2. Anerkennung des Individuums

Personen des öffentlichen Lebens sprechen User am häufigsten ihre Anerkennung aus. Hierzu zählen vor allem **Musiker** und **Künstler,** aber auch **Politiker** wie Barack Obama, **Sportler** oder besonders **engagierte Bürger,** die es zu einer lokalen Bekanntheit gebracht haben. Deutlich seltener formulieren User ihre **offene Ablehnung.** Besonders betroffen sind hier deutsche **Politiker,** allen voran Ex-Verteidigungsminister zu Guttenberg durch seine Plagiatsaffäre. Anerkennung eingefordert wird insbesondere auch von der Politik selbst. Ihr wird fehlender Respekt gegenüber den Wählern und Bürgern unterstellt, der sich in der Ablehnung von Gesetzesvorschlägen für mehr Partizipation und Transparenz äußere.

Die Anerkennung von **Mitmenschen** aus der persönlichen Lebenswelt ist seltener Thema. Die User identifizieren die Fähigkeit, sich selbst zu

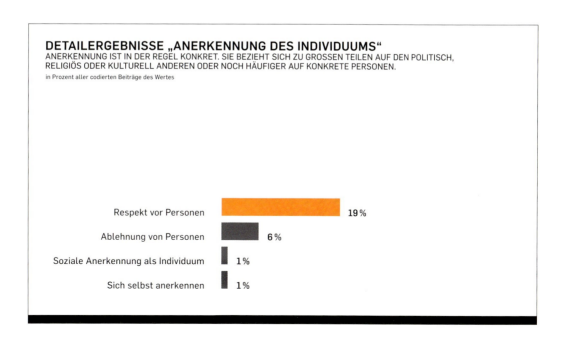

DETAILERGEBNISSE „ANERKENNUNG DES INDIVIDUUMS"
ANERKENNUNG IST IN DER REGEL KONKRET. SIE BEZIEHT SICH ZU GROSSEN TEILEN AUF DEN POLITISCH, RELIGIÖS ODER KULTURELL ANDEREN ODER NOCH HÄUFIGER AUF KONKRETE PERSONEN.
in Prozent aller codierten Beiträge des Wertes

- Respekt vor Personen — 19 %
- Ablehnung von Personen — 6 %
- Soziale Anerkennung als Individuum — 1 %
- Sich selbst anerkennen — 1 %

respektieren, als notwendige Grundlage dafür, andere akzeptieren zu können. Phänomene wie Schüchternheit, Arroganz und Unsicherheit als Folge von zu wenig erfahrener Anerkennung werden vor allem von jüngeren Usern zur Sprache gebracht.

3. Institutionelle Anerkennung

Sehr häufig wird der Begriff der Anerkennung von Usern in Zusammenhang mit **staatlichen Institutionen** verwendet. Im **politischen Betrieb** wird die **Anerkennung** oder **Ablehnung** von Gesetzesvorlagen, Beschlussvorschlägen oder anderen Anträgen kommentiert. In Zusammenhang mit dem **Rechtssystem** geht es um die Zulassung oder Ablehnung von Klagen. In Verbindung mit **staatlichen Einrichtungen** wie auszahlenden Stellen wird die Anerkennung des Status als Bezugsberechtigter zur Sprache gebracht. Bei **Universitäten** geht es um die Anerkennung ausländischer Zeugnisse oder Abschlüsse. In all diesen Zusammenhängen werden auch Vorschläge bzw. Ablehnungen bestimmter Personen für ein Amt oder eine hierarchische Position thematisiert.

→ *„einstein wurde einst als präsident israels vorgeschlagen. er hat abgelehnt."*

4. Weitere Schwerpunkte

Häufiges Diskussionsthema ist die Anerkennung von **andersartigen Menschen und Gruppen,** deren **Religion, Nationalität, Lebensweise** o. a. in irgendeiner Weise anders als die eigene oder die des Mainstreams ist. Diese Diskussion bezieht sich allen voran auf Muslime und den **Islam.** Während ein Teil der User den Deutschen vorwirft, der islamischen Kultur und ihren muslimischen

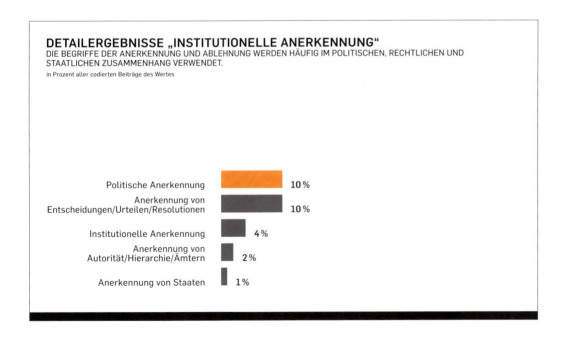

DETAILERGEBNISSE „INSTITUTIONELLE ANERKENNUNG"
DIE BEGRIFFE DER ANERKENNUNG UND ABLEHNUNG WERDEN HÄUFIG IM POLITISCHEN, RECHTLICHEN UND STAATLICHEN ZUSAMMENHANG VERWENDET.
in Prozent aller codierten Beiträge des Wertes

Politische Anerkennung	10 %
Anerkennung von Entscheidungen/Urteilen/Resolutionen	10 %
Institutionelle Anerkennung	4 %
Anerkennung von Autorität/Hierarchie/Ämtern	2 %
Anerkennung von Staaten	1 %

Mitbürgern zu wenig Anerkennung entgegenzubringen, entgegnen die Anderen, dass der Islam selbst die deutsche Kultur nicht wertschätzen würde. Daher sei die Ablehnung des Islam wiederum gerechtfertigt. Von Einwanderern wird die Wertschätzung der deutschen Kultur als Basis für eine erfolgreiche Integration erwartet.

> ↪ „es geht nicht, ohne dass die meinung und einstellung anderer genauso respektiert wird wie die eigene!"

Unumstrittener unter Usern ist die Anerkennung anderer **gesellschaftlicher Minderheiten,** wie Roma, Homosexuelle, Behinderte oder Migranten. Hier geht es vor allem um die Bereitschaft, sich mit Problemen ihrer speziellen Lebenssituation auseinanderzusetzen sowie Offenheit für entsprechende Lösungen zu demonstrieren. Im Allgemeinen wird Deutschen eine geringe Anerkennung der Leistungen, Kultur und sozialen Beiträge von Ausländern attestiert. Wenn es lediglich um die **Meinung** von Andersdenkenden geht, dominiert der User-Appell an andere, diese als solche zu respektieren.

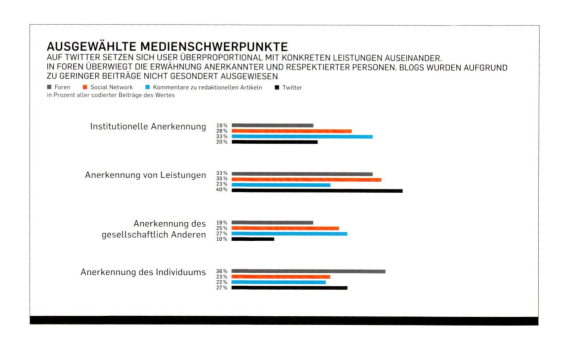

WAS HEISST DAS FÜR UNTERNEHMEN UND MARKEN?

Zuhören statt Monitoring
Vorlieben, Ziele und Geschichte des Gegenübers zu kennen ist die Basis für Anerkennung. Quantitative Daten, seien es Kundendaten oder aus Social-Media-Analysen, liefern meist nicht jene Informationen, die für eine Wertschätzung abseits generischer Rabatte oder Sonderangebote notwendig sind. Unternehmen müssen sich selbst als Teil der Community begreifen und auf Augenhöhe kommunizieren. Dann ist es möglich, mit einzelnen Kunden oder ganzen Communities, die für die Marke oder eine andere Sache engagiert sind, in Kontakt zu treten und sie zu unterstützen.

Kunden-Input wertschätzen
Die größten Experten, wenn es um ein Produkt geht, sind seine Käufer und Nutzer. Sie wissen über alltägliche Tücken und Verbesserungspotenziale am besten Bescheid. Es gilt, auf die Kunden zu hören und sie ins Vertrauen zu ziehen. Kunden-Feedback muss als wertvoller Input ernst genommen werden. Daher ist es auch nicht kostenlos. Im Gegenteil, es muss angemessen honoriert werden – mit Aufmerksamkeit, Rampenlicht oder einfach einem Geschenk. Das gilt für alle Kanäle, ob Web, Filiale oder Customer-Care-Center.

Wertschätzung gegenüber Stakeholdern
Anerkennung ist mehr wert als Geld. Wer sein Gegenüber anerkennt, verspricht, seine Leistungen zu belohnen, seine Bedürfnisse ernst zu nehmen und ihm Aufmerksamkeit zu schenken. Unternehmen, die ihr Handeln bedingungslos an der Gewinnoptimierung ausrichten, werden es nicht schaffen, ihrem Gegenüber mit der entsprechenden Wertschätzung entgegenzutreten. Unternehmen, die ihre Partner über die monetäre Beziehung hinaus wertschätzen, können mit einer höheren Kooperationsbereitschaft, stärkerem Commitment und einer entsprechenden Reputation rechnen.

Eigene Werte finden und leben
Anerkennung erfährt man für etwas, was dem anderen ebenso wichtig ist wie einem selbst. Eine gemeinsame Werte-Basis ist das beste Fundament dafür, wie z. B. die gleiche Leidenschaft für gutes Design oder das gleiche Engagement für die Umwelt. Dafür müssen die eigenen Schlüsselwerte identifiziert und gelebt werden. Kunden und User zollen dafür Respekt, selbst wenn sie mit anderen Aspekten nicht einverstanden sind. Das ist die beste Basis für eine loyale Fanbasis, die aus ihrer Begeisterung keinen Hehl macht.

VERÄNDERUNG ZU 2009
WAS IST ANDERS?

2012 belegt der Wert „Anerkennung" den 7. Rang im Werte-Index. 2009 kam er auf den 8. Platz.

2009 wurde der Wert „Anerkennung" am häufigsten in der Bedeutung von Toleranz für Andersdenkende, -gläubige oder allgemein -lebende verwendet. In der damaligen User-Diskussion fehlte jedoch der in der aktuellen Untersuchung stattfindende kritische Diskurs mit dem Islam und seinen Anhängern. 2011 wurde diese Diskussion auch durch die Publikation von Thilo Sarrazin verstärkt. Unverändert bleibt die ansonsten geltende Fürsprache für mehr Toleranz.

Die Themen Integration und Islam werden kritischer und differenzierter diskutiert als 2009.

Relativ stark diskutiert wurde 2009 der Stellenwert von Respekt in der Erziehung von Kindern. Dieser Aspekt spielt in der User-Diskussion 2012 so gut wie keine Rolle. Ebenfalls noch 2009 stärker diskutiert wurde die Anerkennung von Erfolgen und Phänomenen im Internet. Insbesondere Blogger kämpften um ihre journalistische Anerkennung. Diese Diskussion scheint 2012 nur mehr am Rand auf. Zu vermuten ist, dass dies auch der zunehmenden Akzeptanz von Bloggern, u. a. als Pressevertretern bei Veranstaltungen, geschuldet ist.

BEST PRACTICE

Noch nie zuvor haben User ihre Befindlichkeiten so offen kommuniziert wie heute. Das haben sich einige Hersteller zunutze gemacht. Die Kosmetikfirma **Biotherm UK** reagierte auf Tweets von Usern, die über Müdigkeit klagten, indem sie ihnen eine freie Probe von „Skin-Ergetic Anti-Müdigkeitscreme" zukommen ließ. Der Blumenversender **Interflora** hat Usern, die ihren Tweets zufolge eine Aufmunterung brauchten, einen Strauß Blumen nach Hause geschickt.
http://www.biotherm.co.uk; http://www.interflora.co.uk/

Unilever hat auf Facebook die Plattform **Unilever VIP** etabliert, um seine Kunden besser ins Unternehmen einzubinden. Dort werden Kunden nach ihrer Meinung zu neuen Produktentwicklungen gefragt, belohnt, wenn sie Produkte von Unilever weiterempfehlen, und Kunden können Geld verdienen, wenn sie neue Ideen beisteuern. Damit will das Unternehmen erreichen, dass seine Kunden das Gefühl haben, eine wichtige Rolle im Entscheidungsprozess zu spielen. *http://www.werteindex.de/link_to_unilevervip*

McDonald's verschreibt sich dem Wert „Chance" (Opportunity) und veranstaltet den Song-Contest **„Voice of McDonald's"** für seine Mitarbeiter nach dem Vorbild von „American Idol". Den teilnehmenden Mitarbeitern winkt ein Preis in Höhe von 25.000 Dollar. Die zwölf Gewinner werden sowohl von Musikexperten als auch von McDonald's-Fans bestimmt.
http://vom.mcdonalds.com/

GERECHTIGKEIT

Leistung und Lohn: **Die Prinzipien „gleiche Chancen für alle" und „guter Lohn für gute Leistung" haben sich aufgelöst.** Der Einzelne erlebt, dass die Verteilung von Wohlstand und Bildung ganz anderen Mechanismen folgt. Dem Gefühl der Machtlosigkeit begegnet er mit dem individuellen Streben, seine persönliche Gerechtigkeitsbalance zu sichern. **Unternehmen,** die bei Kunden und Mitarbeitern glaubwürdig bleiben wollen, müssen Verantwortung für die Schaffung einer gerechten Gesellschaft übernehmen.

2012 auf Platz: 2009 auf dem 9. Rang. **8**

TRENDPERSPEKTIVE
VERNETZTER PROTEST GEGEN DEN KONTROLLVERLUST

Wunsch nach gerechter Belohnung von Leistung

Der globale Wettbewerb erfordert Leistungsfähigkeit und Leistungsbereitschaft. Leistung gilt als die Grundvoraussetzung, an der Gerechtigkeit gemessen wird. Gleichzeitig wurde im vergangenen Jahrzehnt der Glaube in diese Maxime zutiefst erschüttert. Die Entwicklungen in Sozialstaat und Arbeitsmarkt – wie etwa unbezahlte Praktika, Ein-Euro-Jobs, Rente ab 70 – zeigen, dass Leistungsorientierung nicht unbedingt zu einer gerechten Ent- und Belohnung führt. Die Krise der Finanzmärkte offenbarte, dass die Verteilung des Wohlstands nichts mehr mit den eigentlichen Leistungen der Realwirtschaft zu tun hat. Die Banken werden für ihr Versagen nicht zur Verantwortung gezogen, sondern durch milliardenschwere Sparpakete gerettet.

Ungerechtigkeit ruft Gefühl des Kontrollverlusts hervor

Vor diesem Hintergrund scheint sich die Frage nach Gerechtigkeit gar nicht mehr zu stellen. Stattdessen setzt sich die Erkenntnis durch, dass nicht Leis-

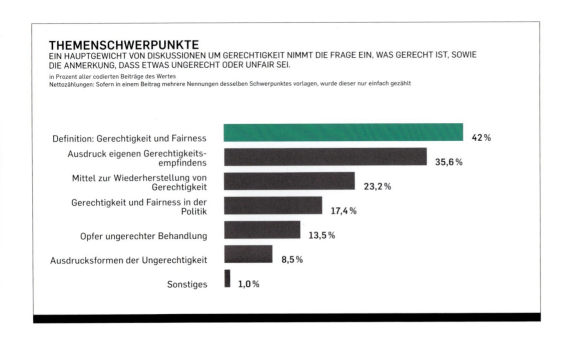

THEMENSCHWERPUNKTE
EIN HAUPTGEWICHT VON DISKUSSIONEN UM GERECHTIGKEIT NIMMT DIE FRAGE EIN, WAS GERECHT IST, SOWIE DIE ANMERKUNG, DASS ETWAS UNGERECHT ODER UNFAIR SEI.
in Prozent aller codierten Beiträge des Wertes
Nettozählungen: Sofern in einem Beitrag mehrere Nennungen desselben Schwerpunktes vorlagen, wurde dieser nur einfach gezählt

- Definition: Gerechtigkeit und Fairness — 42 %
- Ausdruck eigenen Gerechtigkeitsempfindens — 35,6 %
- Mittel zur Wiederherstellung von Gerechtigkeit — 23,2 %
- Gerechtigkeit und Fairness in der Politik — 17,4 %
- Opfer ungerechter Behandlung — 13,5 %
- Ausdrucksformen der Ungerechtigkeit — 8,5 %
- Sonstiges — 1,0 %

tung, sondern davon völlig entkoppelte Mechanismen die Verteilung des Wohlstands regeln. Die Möglichkeit der direkten Einflussnahme bleibt dem Einzelnen verwehrt. Elitenbildung verstärkt das Gefühl der Benachteiligung und Ausgeschlossenheit. Der Einzelne erfährt unausweichlich ein Gefühl des Kontrollverlustes und der Machtlosigkeit. Jene, die sich dagegen wehren wollen, finden in der Vernetzung mit Gleichgesinnten ein Forum für persönlichen Protest.

Akzeptanz als Anpassungsstrategie

Andere akzeptieren die Ungerechtigkeit als nicht veränderbare Rahmenbedingung. Was der Einzelne daraus macht, wird in den eigenen Verantwortungsbereich verschoben. Er fokussiert auf sich selbst und sein unmittelbares Umfeld. Viel mehr als um ein Gefühl globaler Gerechtigkeit geht es um die Sicherung der persönlichen Gerechtigkeitsbalance – dafür sorgen zu können, dass das Leben den eigenen Ansprüchen gerecht wird. Gerechte Belohnung wird weniger von einer übergeordneten Instanz erwartet, als dass man selbst dafür sorgt.

Belohnungen sorgen für Gerechtigkeit

Selbstverantwortliche, leistungsbewusste Konsumenten verfügen über ein kritisches Sensorium, wie Gerechtigkeit durch ein Unternehmen gelebt werden muss. Für Unternehmen gilt es, die hohen Ansprüche, die der Kunde an sich selbst stellt, im Rahmen ihrer Produkte und Services wertzuschätzen. Personalisierte Ansprache, Angebote und Belohnungen sorgen dafür, dass sich jeder Kunde besonders fühlt und damit ausgleichende Gerechtigkeit für ein unfaires Leben erfährt. Darüber hinaus heißt es, Verantwortung für die Verwirklichung einer gerechten Gesellschaft zu übernehmen – sowohl in der Praxis als Arbeitgeber als auch in einem gemeinwohlorientierten Management.

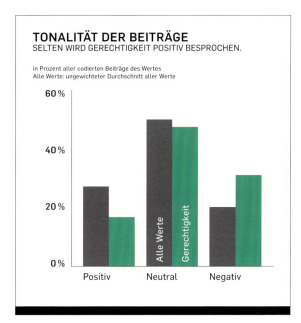

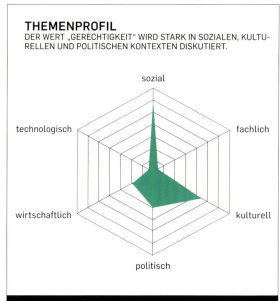

THEMEN
WARUM DAS LEBEN UNFAIR IST

1. Definition von Gerechtigkeit und Fairness

Das Thema Gerechtigkeit wird in Bezug auf **Chancenungleichheit im Bildungssystem** diskutiert. Auslöser dafür sind die Blockade der Schulreform durch ein Referendum in Hamburg sowie das Konzept der Bildungs-Chipkarte. Beides dient als Exempel für die **Benachteiligung** von Kindern aus sozial schwachen Familien: das erste durch die **Verweigerung gleicher Chancen,** das zweite durch **Stigmatisierung.** Der – in der Pisa-Studie erneut festgestellte – **Zusammenhang zwischen der sozialen Herkunft** eines Schülers und seinem **Bildungserfolg** wird von den Usern zum großen Missstand erklärt. **Leistungsbedingte Unterschiede** in der Gesellschaft werden akzeptiert, solange **gleiche Startchancen** für alle gelten.

→ *„ersparnisse einer oma oder eines opa müssen den crash der finanzwelt auffangen. wann gibt es eine irdische gerechtigkeit?"*

Ein weiterer Aspekt der Diskussion betrifft die **Verteilungsgerechtigkeit,** die auf der persönlichen und der gesamtgesellschaftlichen Ebene diskutiert

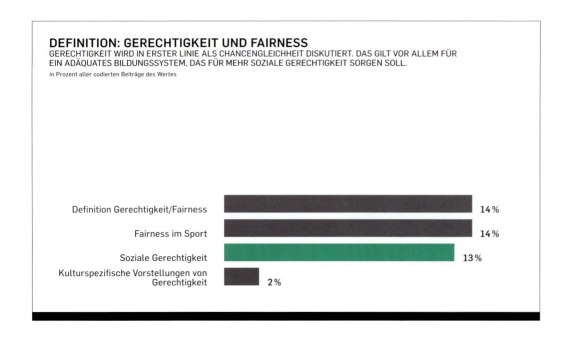

DEFINITION: GERECHTIGKEIT UND FAIRNESS
GERECHTIGKEIT WIRD IN ERSTER LINIE ALS CHANCENGLEICHHEIT DISKUTIERT. DAS GILT VOR ALLEM FÜR EIN ADÄQUATES BILDUNGSSYSTEM, DAS FÜR MEHR SOZIALE GERECHTIGKEIT SORGEN SOLL.
in Prozent aller codierten Beiträge des Wertes

Definition Gerechtigkeit/Fairness	14 %
Fairness im Sport	14 %
Soziale Gerechtigkeit	13 %
Kulturspezifische Vorstellungen von Gerechtigkeit	2 %

wird. Einige User fühlen sich durch die Rettungspakete für Banken und bankrotte Länder persönlich benachteiligt. Andere kritisieren es als **soziale Ungerechtigkeit,** dass **Arme für die Fehler der Reichen** aufkommen müssen.

Der Begriff der **Fairness** wird fast ausschließlich im Zusammenhang mit **Sport** diskutiert. Laut den Usern zeichnete sich während der Fußball-WM in Südafrika die **deutsche Nationalmannschaft** durch besondere Fairness aus. **Fair Play** war den Usern sogar wichtiger als der Titelgewinn selbst.

2. Ausdruck eigenen Gerechtigkeitsempfindens

Die User haben ein **ausgeprägtes Empfinden für Ungerechtigkeit;** Fälle von Gerechtigkeit hingegen werden nicht explizit hervorgehoben. Als ungerecht nehmen die User am häufigsten **konkrete Beschlüsse der Bundesregierung** wahr, die bestimmte Gruppen gegenüber anderen bevorteilen, z. B. bei der Banken-Rettung oder beim Sparpaket.

Der Umgang mit dem Fall Kachelmann gab den Anstoß, um die aus User-Sicht **ungerechte Vorverurteilung** durch die Medien zum Thema zu machen. Die Einforderung von Gleichbehandlung bezieht sich auf alle Themenkontexte, auch auf Privates wie Beziehungen, Schule etc.

> ↪ *„die welt ist nun mal ungerecht und gemein – willkommen im 21. Jahrhundert."*

Auffällig in der User-Diskussion ist der Gebrauch des Ausspruchs **„das (Leben) ist unfair".** Dieser fällt häufig als sarkastischer Kommentar bzw. Beschwerde über Ungerechtigkeit, die man ohnehin nicht ändern könne. Auch diese Kommentare beziehen sich sowohl auf öffentliche (z. B. Sport, Klimaschutz)

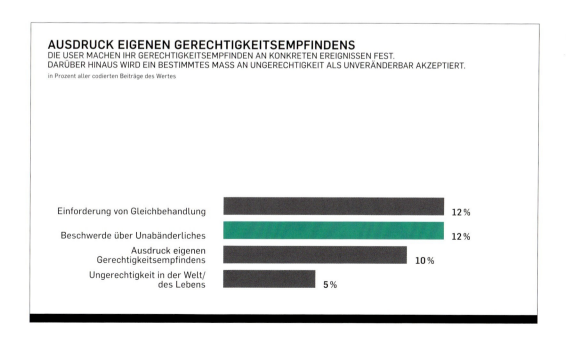

AUSDRUCK EIGENEN GERECHTIGKEITSEMPFINDENS
DIE USER MACHEN IHR GERECHTIGKEITSEMPFINDEN AN KONKRETEN EREIGNISSEN FEST.
DARÜBER HINAUS WIRD EIN BESTIMMTES MASS AN UNGERECHTIGKEIT ALS UNVERÄNDERBAR AKZEPTIERT.
in Prozent aller codierten Beiträge des Wertes

Einforderung von Gleichbehandlung	12 %
Beschwerde über Unabänderliches	12 %
Ausdruck eigenen Gerechtigkeitsempfindens	10 %
Ungerechtigkeit in der Welt/des Lebens	5 %

wie private Themen (muss zur Arbeit, zur Schule). In diesem Zusammenhang wird auch Verständnis für das allgemeine **Abstumpfen** bekundet: Man könne sich nicht über jeden Missstand aufregen.

3. Mittel zur Wiederherstellung von Gerechtigkeit

Die User diskutieren diverse Maßnahmen zur **Bekämpfung** oder **Vorbeugung** von Ungerechtigkeit. Zuerst werden Unternehmen aufgerufen, ihre Praxis gerechter zu gestalten: **Fair Trade** wird am häufigsten gefordert, aber auch die **gleiche Bezahlung** von Männern und Frauen sowie die Einführung eines **Mindestlohns.** Dieser soll vor allem die **Gleichstellung von Leiharbeitern** und **Festangestellten** eines Betriebs gewährleisten.

→ *„gleicher lohn für gleiche arbeit – das wäre gerecht."*

Als eine praxisnahe Maßnahme zur Unterstützung dieser Forderungen gilt die Organisation und Teilnahme an **Demonstrationen.** Die wohl meistdiskutierte ist der **Bürgerprotest** gegen den Umbau des Stuttgarter Hauptbahnhofs, Stuttgart 21. Genannt werden außerdem diverse **Initiativen von NGOs.**

Hartz-IV-Empfänger können nach Meinung der User durch eine **Neuberechnung des Satzes** mehr Gerechtigkeit erfahren. Für eine **sozialere Gesellschaft** fordern die User von den **Regierenden** und den **Medien,** den arbeitenden Teil der Bevölkerung nicht gegen Hartz-IV-Empfänger aufzubringen. Außerdem wird die Erhöhung des **Spitzensteuersatzes** gefordert. Um **Bildungsgerechtigkeit** herzustellen, werden **kostenlose Freizeitangebote** für Kinder und **mehr Stipendien** für Studierende vorgeschlagen. Diskutiert wird zudem über

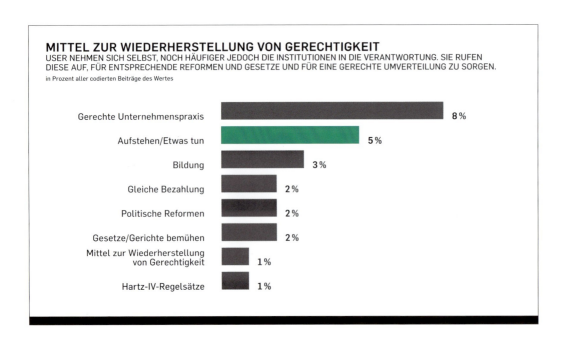

MITTEL ZUR WIEDERHERSTELLUNG VON GERECHTIGKEIT
USER NEHMEN SICH SELBST, NOCH HÄUFIGER JEDOCH DIE INSTITUTIONEN IN DIE VERANTWORTUNG. SIE RUFEN DIESE AUF, FÜR ENTSPRECHENDE REFORMEN UND GESETZE UND FÜR EINE GERECHTE UMVERTEILUNG ZU SORGEN.

in Prozent aller codierten Beiträge des Wertes

Gerechte Unternehmenspraxis	8%
Aufstehen/Etwas tun	5%
Bildung	3%
Gleiche Bezahlung	2%
Politische Reformen	2%
Gesetze/Gerichte bemühen	2%
Mittel zur Wiederherstellung von Gerechtigkeit	1%
Hartz-IV-Regelsätze	1%

private Initiativen, wie z. B. die von einem User initiierte Studie, die Chancenungleichheit aufzeigen und daraus **Lösungsvorschläge** entwickeln soll.

4. Weitere Schwerpunkte

Das Fehlen von Gerechtigkeit wird vor allem der **Politik** angekreidet. Aus Sicht der User versagte die **schwarz-gelbe Koalition** bei der Sicherung der Gerechtigkeit. Die **Enttäuschung** und zuweilen **Wut** darüber kennzeichnet zahlreiche Beiträge.

Im Mittelpunkt der Diskussionen steht die Steuer- und **Rentenpolitik.** Der Regierung wird vorgeworfen, **eigene Interessen** vor das **Gemeinwohl** zu stellen. Auch muss sie sich dem Vorwurf stellen, Klientelpolitik zu betreiben. So wird das **Sparpaket** zur Sanierung des Bundeshaushaltes vielfach als **sozial ungerecht** bezeichnet. Zudem kritisieren die Diskutanten die größer werdende **Kluft zwischen Arm und Reich.**

> ➡ *„die schwarz-gelbe koalition nimmt den armen, arbeitern, hartz-IV-empfängern und kindern die kohle weg."*

Opfer ungerechter Behandlung sind aus Sicht der User durchweg die **sozial Schwächeren.** Oft wird die **Benachteiligung von Kindern** mit einem **Migrationshintergrund** thematisiert. User stellen fest, dass sich fehlende Chancengleichheit negativ auf ihren Bildungserfolg auswirken kann. Klagen über **persönliche Nachteile** kommen häufiger von Studenten, die sowohl die **Studienbelastung** durch den Bologna-Prozess als auch die **Hürden bei der Beantragung des Bafög** als eine Zumutung und als ungerecht bezeichnen.

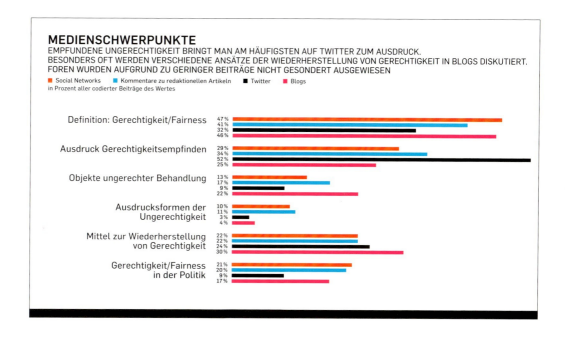

WAS HEISST DAS FÜR UNTERNEHMEN UND MARKEN?

Belohnungssystem einrichten

Nichts ist schlimmer für Kunden als das Gefühl, sich ungerecht behandelt zu fühlen. So ergeht es häufig Bestandskunden, wenn Neukunden bessere Konditionen angeboten werden. Um seine Bestandskunden halten und dennoch Neukunden gute Angebote machen zu können, sollte ein faires Belohnungssystem eingerichtet werden, durch das Wertschätzung für außergewöhnlich treue, gute oder geduldige Kunden zum Ausdruck gebracht wird. Mundpropaganda besonders zufriedener Kunden hat langfristig mehr Wirkung als verlockende Einstiegsangebote, die ohnehin kein Alleinstellungsmerkmal mehr sind.

Sonderbehandlung gewähren

Das Leben ist unfair. Im Alltag fühlt sich jeder irgendwann ungerecht behandelt. Deshalb ist es umso schöner, wenn man als Kunde nicht nur eine faire, sondern eine ganz besondere Behandlung erfährt. Großzügigkeit, Zuvorkommenheit und personalisierte Ansprache sorgen für Wohlgefühl und den nötigen Ausgleich zu den alltäglichen Ärgernissen. Luxusmarken machen es vor: mit Produkten, die in Seidenpapier eingewickelt werden, aufmerksamen und gut geschulten Verkäufern sowie Einladungen zu Shop-Events.

Sich als fairer Arbeitgeber positionieren

Die meisten Konsumenten sind auch Mitarbeiter. Daher richtet sich Employer-Branding eines Arbeitgebers, der für gerechte Entlohnung und faire Arbeitsbedingungen steht, nicht nur an potenzielle Mitarbeiter, sondern an Kunden generell. Es gilt, unabhängig von gesetzlichen Mindeststandards Bedingungen zu schaffen, die Leistung und Anspruch der Mitarbeiter sowie der Wertschätzung ihnen gegenüber gerecht werden. Basis dafür ist, den Mitarbeitern dabei zuzuhören, was sie als gerecht oder als ungerecht empfinden.

Gerechtigkeit lokal und global leben

Unternehmen sind in allen Bereichen gefordert, sich ihrer Verantwortung in der Gesellschaft zu stellen. Der Aspekt der Gerechtigkeit muss dabei über den Gedanken des Fair Trade hinaus etabliert werden. Soziale Gerechtigkeit hat mehr Facetten als angemessene Löhne und Arbeitsbedingungen in anderen Ländern: Unterstützung gleicher Bildungschancen, faire Entlohnung von Männern und Frauen, gezielte Förderung sozial Benachteiligter – auch am eigenen Standort kann noch viel getan werden. Neben Vertrauen wird dadurch die soziale Stabilität des gesamten Unternehmensumfelds gefördert.

VERÄNDERUNG ZU 2009
WAS IST ANDERS?

2012 rangiert der Wert „Gerechtigkeit" auf Platz 8. 2009 nahm der Wert den 9. Platz des Werte-Index-Rankings ein.

Aktuelle Diskussionen haben sich gegenüber 2009 nicht wesentlich geändert. Nach wie vor herrscht bei den Usern Konsens darüber, dass soziale Gerechtigkeit unbedingt notwendig ist. Gerechtigkeit wird nicht genauer definiert, jedoch wird sie von den Usern selbstverständlich erwartet. Auffällig ist, dass Gleichheit nicht mehr im Widerspruch zu Leistung diskutiert wird. Vielmehr

2012 steht der Protest der User im Vordergrund.
2009 war es der Ruf nach dem Staat.

ist Chancengleichheit Bedingung einer an Leistung orientierten Gesellschaft. In diesem Kontext zeigen die User ihre Enttäuschung darüber, dass das Leistungsprinzip nicht für mehr Gerechtigkeit gesorgt hat bzw. sorgen kann.

2009 wurde Gerechtigkeit verstärkt im Zusammenhang mit dem Staat, der dafür in der Verantwortung gesehen wurde, diskutiert. Die Idee der Herstellung von Gerechtigkeit durch eine übergeordnete Instanz ist 2012 schwächer ausgeprägt. Stattdessen sind Formen des Protests oder der Kritik präsenter geworden.

BEST PRACTICE

AppCircle Clips ist ein Werbenetzwerk, das Werbung auf mobile Endgeräte bringt. Für die Ausstrahlung der kurzen Werbevideos wird der Empfänger mit einem virtuellen Guthaben, das z. B. in Online-Spielen eingelöst werden kann, belohnt. Weitere Belohnungen gibt es, wenn der Nutzer den Werbespot über soziale Netzwerke an Freunde weiterleitet. Das Unternehmen ist nicht nur Nutznießer des Word-of-Mouth, sondern honoriert auch das Engagement seiner User. *http://www.flurry.com/product/appcircle/clips.html*

Panera Cares Café ist eine gemeinnützige Einrichtung einer Bäckerei-Kette. Das Besondere: Kunden entscheiden selbst, wie viel ihnen Kaffee und Kuchen wert sind und wie viel sie dafür bezahlen wollen. Laut Panera zahlen 20 Prozent ihrer Kunden mehr als den empfohlenen Preis. Die Gewinne fließen in eine lokale Stiftung, die Jugendlichen, die keine Aussicht auf einen Job haben, Ausbildungen und Praktika ermöglicht. *http://www.panerabread.com/*

Die Waschmittelmarke Tide von Procter & Gamble hat die Initiative **„Loads of hope"** ins Leben gerufen, die zum Ziel hat, Familien zu helfen, die Opfer einer Naturkatastrophe wurden. So hat nach dem Sturm „Katrina" und nach dem Erdbeben in Haiti ein mobiles Waschteam von Tide für tonnenweise saubere Wäsche gesorgt. *http://www.tide.com/en-US/loads-of-hope*

NATUR

Sehnsucht, Wunsch und Sorge: Drei grundlegende Emotionen verbinden sich mit dem Wert Natur. **Sehnsucht nach dem Ursprünglichen und Wahren. Wünsche nach einem grünen, einem überlegenen Lifestyle. Sorge um die Zukunft des Planeten.** Verbraucher richten ihren Konsum bewusster denn je auf den Schutz natürlicher Ressourcen aus. **Unternehmen** sind deshalb auch herausgefordert, alle drei Gefühlsebenen zu bedienen.

2012 auf Platz: 9
2009 auf dem 6. Rang.

TRENDPERSPEKTIVE
STRATEGISCHER KONSUM FÜR DIE RETTUNG DER WELT

Fluchtweg aus der Komplexität

Computersysteme haben das Öko-System als unsere alltägliche Umwelt verdrängt. Je weiter sich der Mensch von der Natur entfernt, desto vehementer tritt er für sie ein. Natur markiert den Gegenpol zu unserem hochkomplexen, mediendominierten Alltag: das Greifbare, Unmittelbare, Einfache und Wahre. Diese Attribute vermissen wir in unserem Leben zunehmend. Daher verteidigen wir ihren Verbleib – im Kampf für die Natur, per Online-Petition, aber auch gern mit der Gartenschaufel auf dem Balkon. Mit diesem Einsatz sichern wir uns ein Stück Verbundenheit mit unseren Wurzeln.

Grüner Lifestyle als überlegener Lifestyle

Der Hedonismus verhalf dem grünen Lebensstil zum Durchbruch. Die sogenannten LOHAS (Anhänger des „Lifestyle of Health and Sustainability") leben moderner, innovativer und besser, indem sie Weltverbesserung mit Selbstverbesserung verbinden. Als primäre Umweltsünder gelten zwar Wirtschaft und Industrie. Aber der Einzelne nimmt die Verantwortung zur Rettung der

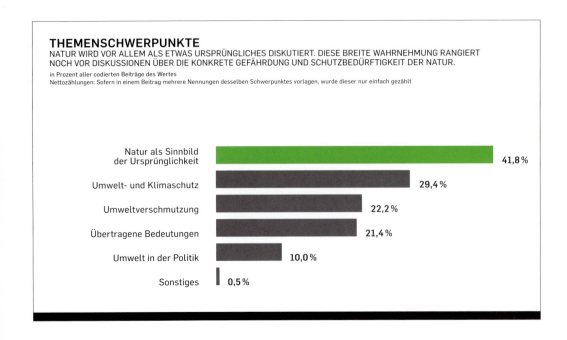

THEMENSCHWERPUNKTE
NATUR WIRD VOR ALLEM ALS ETWAS URSPRÜNGLICHES DISKUTIERT. DIESE BREITE WAHRNEHMUNG RANGIERT NOCH VOR DISKUSSIONEN ÜBER DIE KONKRETE GEFÄHRDUNG UND SCHUTZBEDÜRFTIGKEIT DER NATUR.

in Prozent aller codierten Beiträge des Wertes
Nettozählungen: Sofern in einem Beitrag mehrere Nennungen desselben Schwerpunktes vorlagen, wurde dieser nur einfach gezählt

Natur als Sinnbild der Ursprünglichkeit	41,8 %
Umwelt- und Klimaschutz	29,4 %
Umweltverschmutzung	22,2 %
Übertragene Bedeutungen	21,4 %
Umwelt in der Politik	10,0 %
Sonstiges	0,5 %

Welt bereitwillig auf die eigenen Schultern. Strategischer Konsum ist das Mittel der Wahl. Während der Glaube in den freien Markt seit der Finanzkrise erschüttert ist, bleibt er in dieser Frage noch ungebrochen.

Peak Oil, Peak Fish, Peak Anything

Neben Lifestyle und Komplexitätsflucht bleibt ein dritter Faktor: Zukunftsangst. An allen Ecken und Enden sind wir unmittelbar mit den Grenzen des Wachstums konfrontiert: die Erschöpfung der Erdölreserven, überfischte Meere, ausgelaugte Böden, knapp werdendes Wasser. Der Politik wird die Fähigkeit zur Lösung dieser übergroßen Probleme abgesprochen, der Wirtschaft der Wille dazu. Einmal mehr übernimmt der Einzelne die Verantwortung dafür. Neben dem ethisch basierten Einkauf bleibt ihm nur, auf die Logik des Netzwerks zu vertrauen. Appellieren, berichten, anderen zeigen, wie man Gutes tut – und hoffen, dass der Kommentar oder Mausklick zum entscheidenden Flügelschlag zur Rettung der Welt wird.

Sich um Sehnsucht, Lifestyle und Sorge kümmern

Für Unternehmen gilt es, alle drei Emotionsfelder zu bedienen: die Sehnsucht nach der Erfahrung des Ursprünglichen und Haptischen; den Wunsch nach einem „grüneren" Lifestyle; und die ernsthafte Sorge um die Zukunft unseres Planeten und der Menschheit.

Es geht auch darum, die Last von Sorge und Verantwortung vom Konsumenten zu nehmen und dessen Ansprüche zu denen des Unternehmen werden zu lassen. Wer vermitteln möchte, dass er es ernst meint, muss Großes demonstrieren. Und gleichzeitig das bessere Lebensgefühl bieten. Dabei wird der zukünftige Hedonismus zunehmend durch immaterielle Werte bestimmt.

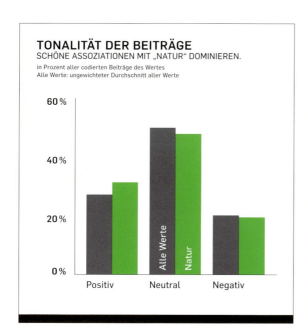

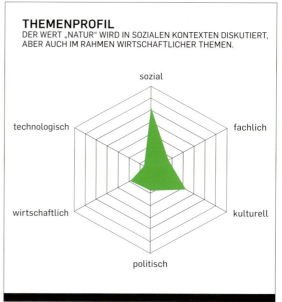

THEMEN
GRUNDRECHT AUF INTAKTEN LEBENSRAUM

1. Natur als Sinnbild der Ursprünglichkeit

Die Natur dient Usern vor allem als Synonym für das **Ursprüngliche,** mitunter auch Göttliche, und damit **Richtige.** Damit wird argumentiert, wenn etwas nicht verändert werden kann – wie physikalische **Naturgesetze** oder **Naturkatastrophen** – oder soll, wenn es beispielsweise um **Geschlechterrollen** geht. Natur steht auch für das **Einfache** und dient als willkommene Lösungs- und Argumentationsstrategie, wenn es um komplexe Problemlagen geht.

➡ *„die natur sollte man nicht belehren. Sie weiß schon, was sie tut."*

Geht es um die Beziehung zwischen Mensch und Natur, steht die **Gefährdung** der Ursprünglichkeit durch den Menschen im Vordergrund. Das Gros der User sieht den Menschen als **Teil der Natur** – und nicht als Überlegenen – und damit ein gewisses Maß an Unterordnung und Demut vonseiten des Menschen als geboten. Natur, **Naturerlebnisse** und ihr **sinnlicher Eindruck**

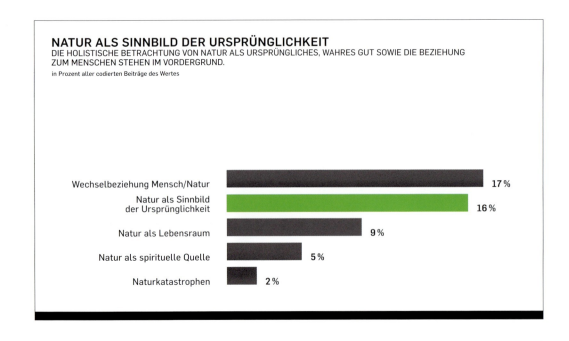

NATUR ALS SINNBILD DER URSPRÜNGLICHKEIT
DIE HOLISTISCHE BETRACHTUNG VON NATUR ALS URSPRÜNGLICHES, WAHRES GUT SOWIE DIE BEZIEHUNG ZUM MENSCHEN STEHEN IM VORDERGRUND.
in Prozent aller codierten Beiträge des Wertes

- Wechselbeziehung Mensch/Natur — 17 %
- Natur als Sinnbild der Ursprünglichkeit — 16 %
- Natur als Lebensraum — 9 %
- Natur als spirituelle Quelle — 5 %
- Naturkatastrophen — 2 %

– z. B. der Spaziergang im Wald mit den damit verbundenen Geräuschen, Gerüchen und Gefühlen – werden als Grundlage für die Gesundheit von **Seele** und **Körper** des Menschen gesehen. Diese **Funktion,** der Erhalt der Basis menschlichen Wohlbefindens, ist bei einem guten Teil der Kommentare das Motiv für Naturschutz. Das **Grundrecht auf Natur als intakten Lebensraum** wird vor allem kommenden Generationen sowie Tieren eingeräumt, es soll von den heute handelnden Personen respektiert werden.

2. Umwelt- und Klimaschutz

Das Wahre und Gute ist gefährdet. Daher ist es nur logisch, dass der Schutz desselben einen derartig wichtigen Stellenwert in der User-Diskussion einnimmt. Die wichtigsten Inhalte: **Aktionismus** und **Protest.** User rufen zur Teilnahme an Aktionen auf oder **berichten** über vergangene Aktivitäten. Allgemeine Themen des Umwelt- und Naturschutzes sind dabei genauso vertreten wie Aktionen gegen konkrete Missstände wie beispielsweise die Palmöl-Verwendung bei **Nestlé.**

> ➥ *„unternehmen handeln nicht aus selbstzweck umweltschädlich, sondern weil die konsumentenwünsche es verlangen"*

Die Verantwortung für den Schutz der Natur wird aber vor allem anderen beim **Einzelnen** und seinem **Alltagsverhalten** gesehen. So ist am häufigsten das **individuelle Konsumverhalten** Inhalt. Hier gilt der **ethische** oder **strategische** Konsum als Mittel der Wahl: die richtige Wahl des Stromanbieters, des E-Bikes, der Energiesparlampe – darüber werden **Erfahrungen** und **Empfeh**-

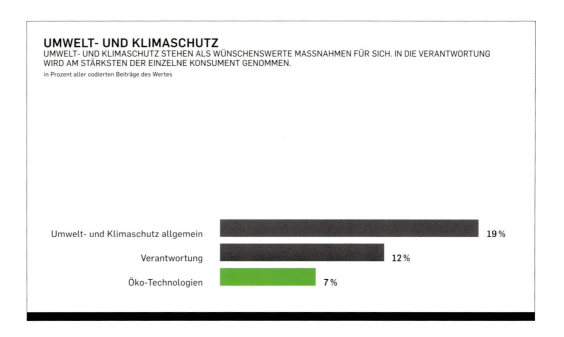

UMWELT- UND KLIMASCHUTZ
UMWELT- UND KLIMASCHUTZ STEHEN ALS WÜNSCHENSWERTE MASSNAHMEN FÜR SICH. IN DIE VERANTWORTUNG WIRD AM STÄRKSTEN DER EINZELNE KONSUMENT GENOMMEN.
in Prozent aller codierten Beiträge des Wertes

Umwelt- und Klimaschutz allgemein	19 %
Verantwortung	12 %
Öko-Technologien	7 %

lungen ausgetauscht. **Unternehmen** werden zwar ebenfalls zur Verantwortung gezogen, jedoch seltener. Und: Die Verantwortung für ihr Handeln wird von den Usern wiederum auf den schnäppchenjagenden Konsumenten verlagert.

Auch die **Politik** wird vergleichsweise selten mit der Aufforderung zu einer angemesseneren Gesetzgebung adressiert. In der Diskussion um Öko-Technologien liegen die Schwerpunkte auf Innovationen in der **Energieerzeugung** und auf dem Sektor der **Mobilität.**

3. Umweltverschmutzung

Beim Thema Umweltverschmutzung steht die Suche nach den Verursachern im Vordergrund. Allgemein wird der „Mensch" als primärer Täter gesehen. Als Hauptmotive werden **Egoismus** und **Rücksichtslosigkeit** identifiziert.

Konkret befinden sich vor allem **globale Konzerne** auf dem Radar der User. Aufmerksam und kritisch werden **Unternehmensaktivitäten** beobachtet und Informationen über **Missstände** ausgetauscht, wie z. B. über die Missachtung gesetzlicher Vorgaben.

In der Folge werden Unternehmen mit **Forderungen** nach ressourcenschonenderen Produktionsverfahren konfrontiert.

> → *„die kitkat-kampagne beweist, dass umweltproteste durch social media etwas bringen!"*

Konkreten Anlass gab es im Untersuchungszeitraum u. a. durch die **Ölkatastrophe** im Golf von Mexiko. Den Verantwortlichen von BP wirft man die späte und unangemessene Reaktion auf die Katastrophe vor. Die Krisenkommunikation wird als PR-Maßnahme wahr- und damit nicht ernst genommen.

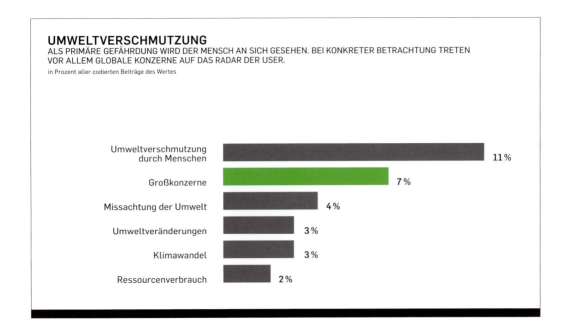

UMWELTVERSCHMUTZUNG
ALS PRIMÄRE GEFÄHRDUNG WIRD DER MENSCH AN SICH GESEHEN. BEI KONKRETER BETRACHTUNG TRETEN VOR ALLEM GLOBALE KONZERNE AUF DAS RADAR DER USER.
in Prozent aller codierten Beiträge des Wertes

Umweltverschmutzung durch Menschen	11 %
Großkonzerne	7 %
Missachtung der Umwelt	4 %
Umweltveränderungen	3 %
Klimawandel	3 %
Ressourcenverbrauch	2 %

Die Kitkat-Affäre von Nestlé wird vor allem als **Erfolgsbeispiel** einer über Social Media organisierten Protestaktion diskutiert.

Zudem werden auch **Umweltveränderungen** als Folgen des menschlichen Eingriffs in die Natur diskutiert, wie z. B. die Häufung von Naturkatastrophen oder die veränderten Artenvorkommen in heimischen Wäldern.

4. Weitere Schwerpunkte

Die Bedeutung von Natur wird von Usern häufig auf andere Dinge übertragen. Das Öko-System dient als Vergleichsfolie für Vorgänge in anderen **Systemen** wie dem **Wirtschafts-** und dem **Finanzsystem.** Es wird zur **Veranschaulichung** und **Legitimation** verschiedener Phänomene herangezogen. Nach dieser Sichtweise verliert z. B. der Finanzcrash 2008 als notwendige „Naturkatastrophe" seine Problemhaftigkeit. Damit wird auch die Frage nach der konkreten Verantwortung verschiedener Akteure obsolet. Analog dazu dient die „Natur des Menschen" als **Rechtfertigung** für **individuelles Fehlverhalten.** Mit ihr werden beispielsweise Untreue und Disziplinlosigkeit als „natürlich" entschuldigt.

> ➝ „wer fremdgeht, erfüllt seinen evolutionären auftrag, seine gene möglichst breit zu verteilen."

Umwelt als Gegenstand der Politik wird relativ selten thematisiert. Dabei stehen Forderungen für eine umweltschonendere **Gesetzgebung** im Mittelpunkt. Gleichzeitig wird aber auch **Misstrauen** gegenüber korrupten Politikern, die aus Eigeninteresse oder im Interesse der Wirtschaft handeln, evident, z. B. im Falle von Stuttgart 21. Die **Grünen** werden als Partei am eindeutigsten mit dem Thema Natur in Verbindung gebracht.

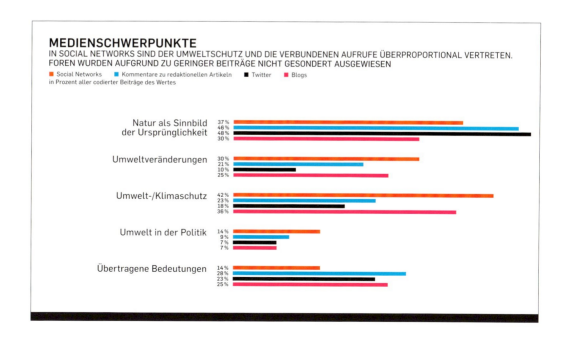

MEDIENSCHWERPUNKTE
IN SOCIAL NETWORKS SIND DER UMWELTSCHUTZ UND DIE VERBUNDENEN AUFRUFE ÜBERPROPORTIONAL VERTRETEN. FOREN WURDEN AUFGRUND ZU GERINGER BEITRÄGE NICHT GESONDERT AUSGEWIESEN

	Social Networks	Kommentare zu redaktionellen Artikeln	Twitter	Blogs
Natur als Sinnbild der Ursprünglichkeit	37%	46%	48%	30%
Umweltveränderungen	30%	21%	10%	25%
Umwelt-/Klimaschutz	42%	23%	18%	36%
Umwelt in der Politik	14%	9%	7%	7%
Übertragene Bedeutungen	14%	28%	23%	25%

in Prozent aller codierter Beiträge des Wertes

WAS HEISST DAS FÜR UNTERNEHMEN UND MARKEN?

Neue Standards setzen: radikal und groß denken

Umweltfreundliche Produkte und ressourcenschonende Produktion gehören zum Standard. Grün zu sein ist kein Alleinstellungsmerkmal mehr. Jetzt geht es darum, selbst neue und ehrgeizige Standards zu setzen. Große Herausforderungen verlangen radikale Schritte. Diese machen echte Innovationen erst möglich. Der Weg zum fernen Ziel wird am effektivsten in Kooperation mit anderen beschritten.

Dem Konsumenten die Verantwortung nehmen

Viele Konsumenten nehmen ihre eigene Verantwortung bereits sehr ernst: Sie kaufen bio. Sie trennen ihren Müll. Sie ertragen Energiesparlampen. Es ist Zeit, dass Unternehmen zeigen, dass sie ihren Teil der Verantwortung leben, und zwar losgelöst vom Konsum ihrer Produkte – also den Regenwald zu retten, ohne dass soundsoviele Flaschen Bier verkauft werden. Wenngleich das ökologische Engagement des Unternehmens von seinem ökonomischen Überleben und damit vom Kunden abhängt: Es geht um die Botschaft, dass sich der Konsument für einen Moment aus der Verantwortung entlassen und für sein Engagement wertgeschätzt fühlt.

Natur erfahrbar machen

Natur kennen wir am besten aus dem Fernsehen. Jeder von uns hat schön öfter einen Eisbären gesehen, als eine Kuh angefasst. Unser Alltag findet im verbauten und medialisierten Raum statt. Die Sehnsucht nach dem Grünen, Einfachen und Beobachtbaren kann aber auch hier gestillt werden. Indoor-Gärten, Bienenstöcke auf Dachterassen und wilde Wiesenstücke, wo man sie nicht erwartet, laden zum Be-greifen, Beobachten und Fühlen ein. Der Kunde genießt die Magie der Natur in seinem urbanen Alltag.

Spaß, Freude und Zuversicht schenken

Umweltschutz ist ein ernstes Thema. Wenn dabei aber jede Leichtigkeit verloren geht, schadet das der Sache eher. Es ist Zeit für gute Gefühle und gute Nachrichten. Es geht nicht darum, zu lügen oder Probleme kleinzureden – es geht darum, begründete Zuversicht und Optimismus zu verbreiten. Unternehmen, die ernsthaft an ökologisch motivierten Innovationen arbeiten, werden keine Probleme haben, positive Perspektiven bieten zu können.

VERÄNDERUNG ZU 2009
WAS IST ANDERS?

Der Wert „Natur" schafft es 2012 im Werte-Index-Ranking auf Platz 9. 2009 hatte er noch den 6. Rang inne.

In Bezug auf die Diskussionsthemen fand relativ wenig Veränderung statt. 2012 ist die positive Wahrnehmung der Ursprünglichkeit noch stärker. 2009 dominierte die Notwendigkeit des Umweltschutzes alle anderen Themen. Nichtsdestoweniger wird im gleichen Zug die Gefährdung desselben thematisiert. An der Wahrnehmung des Menschen als primärer Quelle der Zerstörung der Natur hat sich nichts geändert. Auch suchte man die Verantwortung für den Umweltschutz vor allem beim Einzelnen und weniger bei der Industrie.

2009 gab das Darwinjahr Anlass zur verstärkten Diskussion der Themen Evolutionsbiologie und Kreationismus. 2011 waren aktuelle Anlässe vor allem die Ölkatastrophe im Golf von Mexiko sowie der Aufruf zum Boykott von Nestlé-Produkten.

Umweltschutz bleibt 2012 wie 2009 das dominierende Thema.
Klimaschutz verliert an politischem Gewicht.

BEST PRACTICE

Am Flughafen von Amsterdam erwartet die Menschen von Welt ein unerwarteter Ausflug in die Natur. Im **Amsterdam Airport Park,** einer umfangreichen Indoor-Park-Anlage, können Passagiere Vogelstimmen lauschen, im Gras liegen und in Baumkronen schauen. *http://www.werteindex.de/link_to_schiphol*

Wal-Mart versucht mit seiner **Zero-Waste-Strategie,** seine Abhängigkeit von nicht erneuerbaren Energien zu reduzieren und seine Kunden und Lieferanten durch Müllvermeidung finanziell zu entlasten. Als die Umweltschutzorganisation EDF einige Fehler bei der Müllentsorgung aufdeckte, korrigierte Wal-Mart seine Vorgehensweise entsprechend. *http://www.werteindex.de/link_to_walmart*

Gamification ist die spielerische Methode der Verhaltensänderung, die sich Volkswagen mit der Seite **Fun Theory** zunutze macht. Dort werden umweltfreundliche Alltagsentscheidungen mit ein bisschen Spaß belohnt. Auch der Spielehersteller **Good World Games** hat sich zum Ziel gesetzt, die Welt durch Spiele zu verändern. Im Facebook-Spiel „My Conversation Park" fungieren die Teilnehmer als virtuelle Manager eines Wildtierreservats. Ein Teil der Einnahmen aus dem Spiel wird gespendet. *http://www.facebook.com/myconservationparkfans; http://thefuntheory.com/*

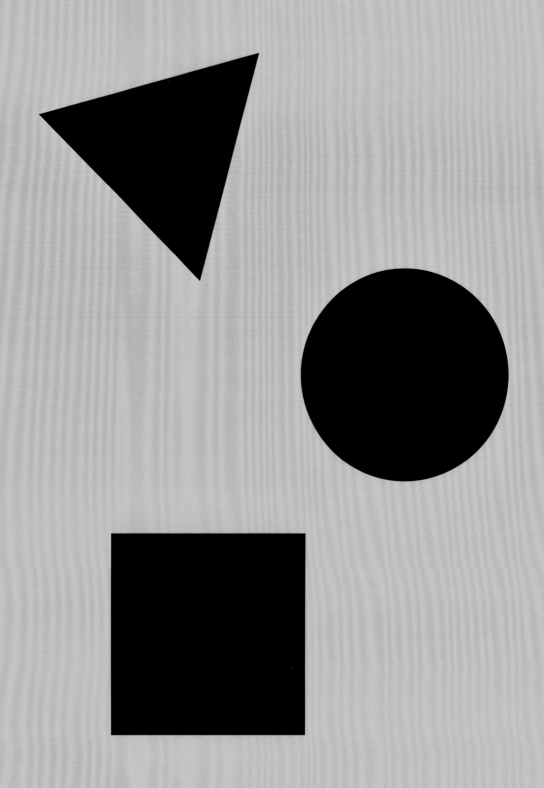

EINFACHHEIT

Komplexität und Kontrolle: **Menschen vereinfachen Aufgaben und nutzen interaktive Medien. Ihr Motto: „Simplexify my life."** Doch Einfachheit, eine Grundlage für Entscheidungsfähigkeit, ist nur durch ein wohlgeplantes Komplexitätsmanagement zu gewinnen. **Unternehmen** müssen für ihre Kunden diese Aufgabe bei Organisation, Produkt und Angebot übernehmen, denn sie sind auf deren Vertrauen angewiesen.

2012 Platz: 2009 auf dem 7. Rang. **10**

TRENDPERSPEKTIVE
KONTROLLE IST GUT, VERTRAUEN IST BESSER

Nichts ist mehr einfach

Technik und Globalisierung haben Gesellschaft und Alltag hyperkomplex gemacht. Es gibt keine einfachen Erklärungen und Zusammenhänge mehr. Was bleibt, ist das Bedürfnis nach dem Gefühl der Kontrolle und dem Überblick darüber, wo wir stehen und was wir tun (sollen), kurz: nach Handlungsfähigkeit. Nur die Einfachen verlangen noch immer nach einfachen Antworten. Alle anderen haben akzeptiert: Einfachheit ist keine Frage der Reduktion oder des Rückschritts. Vielmehr ist Einfachheit „wohlgeformte Komplexität". Sie entsteht, wenn Komplexität erfolgreich gemanagt wird.

Technik als wichtigste Quelle und Manager von Komplexität

Die Technik ist derzeit am ehesten dazu geeignet, unsere Sehnsucht nach Einfachheit zu befriedigen. Heute löst sie vorwiegend Probleme, die wir ohne sie nicht hätten: zum Beispiel das zunehmend unübersichtlicher werdende Internet immer effizienter und effektiver zu nutzen. In der Technik ist die

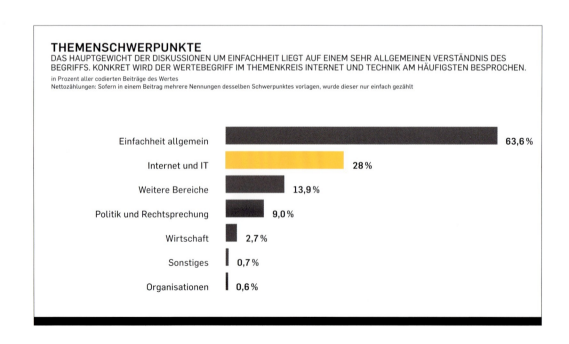

THEMENSCHWERPUNKTE
DAS HAUPTGEWICHT DER DISKUSSIONEN UM EINFACHHEIT LIEGT AUF EINEM SEHR ALLGEMEINEN VERSTÄNDNIS DES BEGRIFFS. KONKRET WIRD DER WERTEBEGRIFF IM THEMENKREIS INTERNET UND TECHNIK AM HÄUFIGSTEN BESPROCHEN.

in Prozent aller codierten Beiträge des Wertes
Nettozählungen: Sofern in einem Beitrag mehrere Nennungen desselben Schwerpunktes vorlagen, wurde dieser nur einfach gezählt

- Einfachheit allgemein — **63,6 %**
- Internet und IT — **28 %**
- Weitere Bereiche — **13,9 %**
- Politik und Rechtsprechung — **9,0 %**
- Wirtschaft — **2,7 %**
- Sonstiges — **0,7 %**
- Organisationen — **0,6 %**

Schwarz-Weiß-Sicht in Form binärer Codes nicht nur legitim, sondern notwendig. Zukünftige semantische Technologien werden aber nicht mehr an Nullen und Einsen gebunden sein, sondern fähig sein, menschliche Sprache zu verstehen. Damit nimmt einmal mehr nicht nur das Verständnis von Komplexität zu, sondern auch die Einfachheit in der Benutzung selbst.

Vertrauen als Voraussetzung für Einfachheit

Die menschliche Fähigkeit, aus komplexen Situationen einfache Entscheidungsgrundlagen abzuleiten, bleibt unersetzlich. Nur dann bleibt der Einzelne handlungsfähig. Dieses Komplexitätsmanagement wird erst durch Vertrauen möglich. Denn: Während hochkomplexe Systeme sich für den Einzelnen einfach darstellen können, wenn er ihnen nur vertraut, bringt das einfachste System nichts, wenn ihm kein Vertrauen entgegengebracht wird. Vertrauen beginnt dort, wo Kontrolle aufhört. Einfachheit und Vertrauen können nur Hand in Hand gehen.

Weniger Komplexität für den Kunden, mehr für das Unternehmen

Für Unternehmen geht es darum, die Arbeit des Komplexitätsmanagements für ihre Kunden zu übernehmen, zu reduzieren oder zumindest zu erleichtern. Im Umkehrschluss müssen Unternehmen ihren Aufwand in diesem Bereich steigern. Organisation, Produkt- und Angebotsentwicklung müssen radikal aus der Perspektive des Kunden gestaltet werden. Das bedeutet auch, über Unternehmens- und Produktgrenzen hinwegzudenken. Die Grenzen zwischen Marketing, Vertrieb, F&E und Produktion müssen produktiv verwischt werden. Damit die Lösung des Unternehmens auch wirklich zum Bedürfnis des Kunden passt.

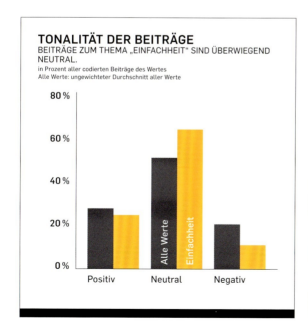

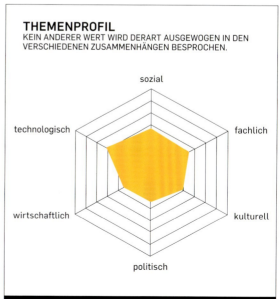

THEMEN
DAS WEB MACHT BEIDES: HYPERKOMPLEX UND EINFACH

1. Einfachheit allgemein

Am häufigsten kommen **einfache** und **vermeintlich einfache Lösungen,** Handlungen und Erklärungen unter Usern zur Sprache. User holen sich Tipps für Problemstellungen aus ihrem Alltag und bekommen **konkrete Ratschläge** zur einfachen Behebung. Geht es allerdings um Sachverhalte und Probleme aus dem gesellschaftlichen, wirtschaftlichen und politischen Bereich, werden Lösungsversuche von den meisten Usern als **„zu einfache Lösungen"** von Menschen, die **„es sich gerne einfach machen",** disqualifiziert.

→ *„einfache erklärungen sind vor allem für einfache menschen."*

Einfache Erklärungen wie **Verschwörungstheorien** erfahren eine ähnlich abwertende Reaktion. Auch **Medien** müssen sich häufig den Vorwurf gefallen lassen, zu einfache Erklärungen zu verwenden. Glaubwürdige einfache Erklärungen werden hingegen als **ehrlich** und **verständlich** wertgeschätzt. Häu-

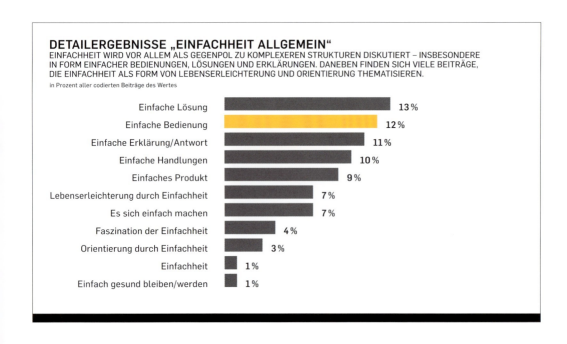

DETAILERGEBNISSE „EINFACHHEIT ALLGEMEIN"
EINFACHHEIT WIRD VOR ALLEM ALS GEGENPOL ZU KOMPLEXEREN STRUKTUREN DISKUTIERT – INSBESONDERE IN FORM EINFACHER BEDIENUNGEN, LÖSUNGEN UND ERKLÄRUNGEN. DANEBEN FINDEN SICH VIELE BEITRÄGE, DIE EINFACHHEIT ALS FORM VON LEBENSERLEICHTERUNG UND ORIENTIERUNG THEMATISIEREN.

in Prozent aller codierten Beiträge des Wertes

Einfache Lösung	13%
Einfache Bedienung	12%
Einfache Erklärung/Antwort	11%
Einfache Handlungen	10%
Einfaches Produkt	9%
Lebenserleichterung durch Einfachheit	7%
Es sich einfach machen	7%
Faszination der Einfachheit	4%
Orientierung durch Einfachheit	3%
Einfachheit	1%
Einfach gesund bleiben/werden	1%

fig haben User einfache Erklärungen und adressieren diese an die **Politik,** wie sie die aktuellen Herausforderungen in den Griff bekommen können.

Einfache Lösungen in Form von **Produkten** beziehen sich vornehmlich auf Services, die Usern erleichtern, die Vorteile von Computer und Internet mit möglichst **wenig Zeit-, Energie- und Lernaufwand** besser zu nutzen. Neben Produkten, die durch hochkomplexe Prinzipien Aufgaben vereinfachen, werden auch Produkte, die selbst einfach sind, gelobt: Ihre **Qualität** ist so hoch, dass sie keinen weiteren Firlefanz benötigen.

2. Internet und IT

Das **Internet** steht im Mittelpunkt, wenn es um Technik und Einfachheit geht. Einerseits wird das Internet selbst als Technologie, die viele Dinge des Lebens einfacher macht – allen voran die Möglichkeit der **Veröffentlichung,** der **Kooperation** und der **Partizipation** in politischen Prozessen –, gepriesen.

> → „diese app macht es einfach, alle newsfeeds auch mobil im auge zu behalten!"

Andererseits sehen die User, dass die Einfachheit dieser Technologie auch für zweifelhafte bis kriminelle Zwecke, wie z. B. **Datenmissbrauch** und -diebstahl, genutzt wird. Schließlich wird das Internet selbst als **Quelle** neuer und zusätzlicher **Komplexität** identifiziert.

Diese **Komplexität** für den einzelnen User zu **reduzieren** ist zum Geschäftsfeld von Anbietern von IT-Lösungen geworden. **Software** und **Web-Services** sollen dem User erleichtern, die Vorteile der zunehmenden Anzahl der Möglichkeiten im Internet effektiv und produktiv nutzen zu können. **Software**-

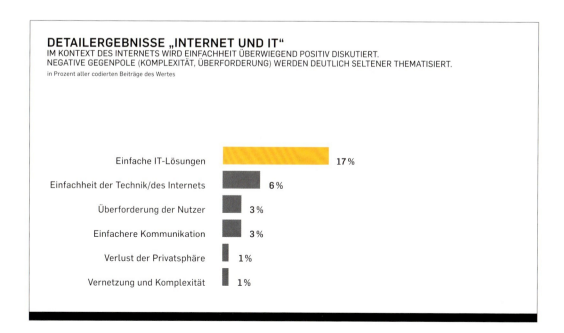

Applikationen und **Cloud-Computing-Services** unterstützen bei **Management** und **Verwaltung** von Social-Media-Features, Nachrichtenstreams, Medienbibliotheken etc. Die **Automatisierung** bestimmter Aufgaben wird gelobt, wenn sie gut funktioniert. Eine gute **Usability, Nachvollziehbarkeit** und **Funktionsfähigkeit** sind weitere Qualitätsmerkmale. Diese werden am häufigsten in Bezug auf Tablet-PCs bzw. das iPad von Apple diskutiert. In die **Kritik** gerät die IT-Entwicklung, weil sie nach Ansicht der User zu oft zu komplex ist und an den eigentlichen, meist sehr einfachen Wünschen der User vorbeigeht.

3. Politik und Rechtsprechung

Erneut zeigen sich die User misstrauisch gegenüber der Politik. Häufig glauben User besser zu wissen, wie die **Außen-, Innen-** und **Finanzpolitik** gestaltet werden müssten. Diese als einfache Lösungen bezeichneten Maßnahmen zeichnen sich durch **Radikalität** und **Undifferenziertheit** aus.

Darüber hinaus stellen User auch konkrete Erwartungen an die **Politik**, ihr Leben zu erleichtern. Sie fordern einen einfacheren Zugang zu politischen **Partizipationsprozessen,** ein einfacheres **Steuersystem** und konkrete **Gesetzesänderungen,** wie z. B. zum Aufenthaltsrecht für Migranten.

→ *„die verfahren bei umweltrelevanten projekten müssen vereinfacht werden, damit sie etwas bringen."*

Für Unmut sorgt die umgesetzte Steuerpolitik der **schwarz-gelben Regierung** bei Usern, die sich eine echte Vereinfachung des Steuersystems erwartet hatten. Sie sehen die **Wahlversprechen** nicht oder nur ungenügend

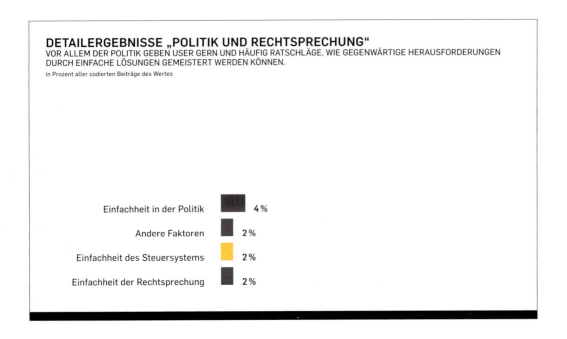

DETAILERGEBNISSE „POLITIK UND RECHTSPRECHUNG"
VOR ALLEM DER POLITIK GEBEN USER GERN UND HÄUFIG RATSCHLÄGE, WIE GEGENWÄRTIGE HERAUSFORDERUNGEN DURCH EINFACHE LÖSUNGEN GEMEISTERT WERDEN KÖNNEN.
in Prozent aller codierten Beiträge des Wertes

Einfachheit in der Politik	4 %
Andere Faktoren	2 %
Einfachheit des Steuersystems	2 %
Einfachheit der Rechtsprechung	2 %

umgesetzt. Ein weiterer Diskussionsschwerpunkt dreht sich um die „einfache Mehrheit", die zur **Wahl des Bundespräsidenten** Christian Wulff ausreichte.

In Hinblick auf Themen der Rechtsprechung geht es um eine geplante Novellierung des Internet-Rechts der Regierung. Hier wird mit der angestrebten Vereinfachung vor allem eine **höhere Unsicherheit** für den Verbraucher verbunden.

4. Weitere Schwerpunkte

Die Begriffe Einfachheit und Komplexität finden sich in vielen weiteren Themen wieder. Die **menschliche Physis** und **Psyche** werden als zu komplex angesehen, um für sie einfache Erklärungen bereitstellen zu können.

> ➜ „der menschliche körper ist komplex.
> da können unangenehme nebeneffekte nicht
> ausgeschlossen werden."

Die Erklärung von **Krankheiten** und die Suche nach einfachen Lösungen erweisen sich als schwierig. Auch zwischenmenschliche Beziehungen sowie Gruppendynamiken werden als sehr komplex erlebt.

User beobachten, wie die globale **Wirtschaft** von einer zunehmenden Komplexität geprägt wird. Diese zu managen, sehen sie als primäre Herausforderung für die **Unternehmensorganisation,** aber auch für die **Politik** und jeden **einzelnen Menschen.**

Kritisch sehen User die Arbeit der klassischen Medien. Insbesondere **Boulevardzeitungen** wird vorgeworfen, die Realität unzulässig zu vereinfachen und ihre Leserschaft für dumm zu verkaufen.

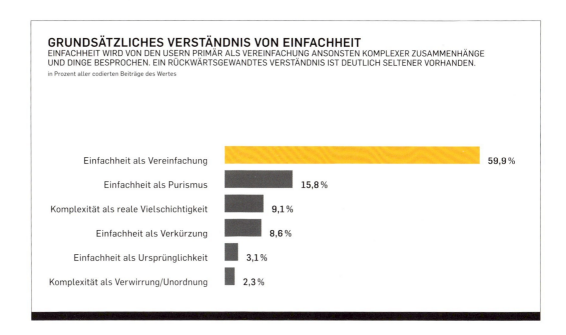

GRUNDSÄTZLICHES VERSTÄNDNIS VON EINFACHHEIT
EINFACHHEIT WIRD VON DEN USERN PRIMÄR ALS VEREINFACHUNG ANSONSTEN KOMPLEXER ZUSAMMENHÄNGE UND DINGE BESPROCHEN. EIN RÜCKWÄRTSGEWANDTES VERSTÄNDNIS IST DEUTLICH SELTENER VORHANDEN.
in Prozent aller codierten Beiträge des Wertes

Einfachheit als Vereinfachung	59,9 %
Einfachheit als Purismus	15,8 %
Komplexität als reale Vielschichtigkeit	9,1 %
Einfachheit als Verkürzung	8,6 %
Einfachheit als Ursprünglichkeit	3,1 %
Komplexität als Verwirrung/Unordnung	2,3 %

WAS HEISST DAS FÜR UNTERNEHMEN UND MARKEN?

Keep it simple!
Egal ob es Produkte selbst oder die Kommunikation betrifft – alles sollte darauf überprüft werden, ob nicht auch etwas weggelassen werden könnte. Einfachheit ist die Basis für Vertrauen und vice versa. Angebote, Preise, AGBs müssen für den Kunden verständlich und bequem sein – und nicht für Vertrieb und Marketing. Das bedeutet, auf Fußnoten und Klauseln zu verzichten, auch wenn das mehr Aufwände für die Rechtsabteilung bedeutet. Das Komplexitätsmanagement darf nicht dem Kunden überlassen werden.

Radikale User-Zentriertheit
Nicht die technische Lösung, nicht der Entwickler und nicht der Konzeptioner entscheidet, ob ein Produkt einfach zu bedienen ist - sondern der Kunde. Es gilt, ihn konsequent von Anfang an in den Mittelpunkt ihres Entwicklungsprozesses zu stellen und einzubinden. Der einfachste Weg für den Kunden nimmt auch keine Rücksicht auf traditionelle Organisationsgrenzen. Das verlangt ernsthafte Offenheit und die Bereitschaft, sich von gewohnten Lösungsansätzen trennen zu können.

Kompensation durch Kulanz
Vollständige Einfachheit ist unmöglich geworden. Daher gilt es, was an Undurchsichtigkeit und Komplexität bleibt, durch Vertrauen und Kulanz zu kompensieren. Wer seine Budgets entsprechend plant, kann es sich leisten, dem Kunden immer recht zu geben. Das so erworbene Vertrauen und die in der Folge positiver Mundpropaganda generierten Kontakte sind ohnehin unbezahlbar. Und der Kunde braucht keine Angst vor der Komplexität zu haben.

Meta-Apps als Komplexitätsmanager nutzen
Apps und Web-Services helfen den Einzelnen, den Überblick zu bewahren: Termine mit Freunden zu koordinieren und einzutragen; den schnellsten Weg von A nach B zu finden und zu buchen; nur ausgewählte Infos über einen selbst im Internet mit anderen teilen. Für solche Tasks müssen wir heute noch auf zwei oder mehr Anwendungen zurückgreifen. Apps, die den Benutzernutzen von Internet-Services optimieren wollen, bewegen sich auf der Meta-Ebene und verknüpfen die Features verschiedener bestehender Angebote – als „one-stop-shops for everything"!

VERÄNDERUNG ZU 2009
WAS IST ANDERS?

In der aktuellen Untersuchung steht der Wert „Einfachheit" an der 10. Stelle. Im Jahr 2009 fand er sich auf dem 7. Rang des Werte-Index-Rankings.

Internet und technische Fragen standen bereits vor drei Jahren an der Spitze der diskutierten Themen. Unverändert auch die Marke, die mit Einfachheit und Design verbunden wird: Apple. Neu ist 2012 naturgemäß, dass das aktuelle Apple iPad prominent diskutiert wird. Produkte und Serviceleistungen gehörten bereits 2009 zu den häufigsten Diskussionsthemen, scheinen 2012 aber noch stärker vertreten zu sein.

Was einfach ist, entscheidet der Kunde und bleibt stark mit Technik und Design verwoben.

Auch die Themen Politik und Wirtschaft waren bereits 2009 stark vertreten. Vor drei Jahren stand hier der EU-Verfassungsvertrag, bei dessen Zustandekommen sich der „einfache Bürger" übergangen fühlte, im Zentrum der Diskussion. Auch der Zusammenbruch des Finanzsystems aufgrund dessen zu hoher Komplexität wurde damals intensiv besprochen, während das Thema aktuell nicht mehr im Fokus steht.

BEST PRACTICE

Der kanadische Online-Reiseanbieter **FlightNetwork** hat einen Kundenservice eingeführt, der garantiert, dass seine Kunden immer den niedrigsten Preis bezahlen. Ist der Preis für den gebuchten Flug beim Antritt der Reise niedriger als zuvor, erstattet FlightNetwork die Differenz. *http://www.flightnetwork.com/price-drop-protection/*

Ifttt (Abk. für „if this then that") ist eine Applikation, die bestimmte Online-Aktivitäten automatisiert. Nach dem „Wenn-dann-Prinzip" kann der Nutzer das Internet für sich arbeiten lassen. Er bestimmt den Auslöser (z. B. das Taggen eines Fotos auf Facebook) und die Folgeaktion (z. B. das automatische Posten des Fotos auf Twitter und Tumblr). Das Ziel ist die Steigerung der eigenen Produktivität durch Vereinfachung. *http://ifttt.com/*

Internet-Buttons ist eine Anwendung, die Menschen mit wenig Internet-Erfahrung das Surfen im Netz erleichtert. Internet-Buttons reduziert die Auswahl der Seiten auf nur die für den Nutzer relevanten. Als Ergebnis bekommt er eine personalisierte Seite mit „seinen" Internet-Buttons. Die Seite kann unter einer personalisierten URL abgespeichert und von jedem Computer aus geöffnet werden. *http://www.internetbuttons.org/*

EHRLICHKEIT

Wahrheit und Wandel: **Wichtig wird, was selten ist – Ehrlichkeit.** Sie ist in den gängigen Kommunikationsstrategien, perfekt zu präsentieren und zu verkaufen, verloren gegangen. **Zudem gibt es in einer immer komplexeren Welt die „einzige Wahrheit" nicht mehr.** Die immer besser vernetzte Öffentlichkeit, die über Missstände und Skandale wacht, fordert von Institutionen und Unternehmen deshalb Authentizität. **Unternehmen,** die eine eigene und klare Haltung einnehmen, haben viel zu gewinnen.

2012 auf Platz: **11** →
2009 auf dem 11. Rang.

TRENDPERSPEKTIVE
AMBIVALENZ WIRD DER STÄNDIGE BEGLEITER

Die Zerstörung der Kommunikation

Die Logik des Verkaufens und Präsentierens hat vom Produktmarketing auf die Politik und jeden Einzelnen als Ich-AG übergegriffen. Diese Art der Kommunikation fürchtet sich vor Ablehnung und meint, der Zuhörer könne nicht mit der Wahrheit umgehen. Das ist einerseits ein Zeichen von Geringschätzung. Andererseits hat dieser Perfektionismus die Glaubwürdigkeit verdrängt. Hochtreibende Phrasen beeindrucken niemanden mehr. Der Konsument ist ihrer überdrüssig. Er hört einfach nicht mehr zu und klickt weg. Der Fokus auf die glatte Oberfläche hat die Beziehung zwischen Sender und Empfänger zerstört.

Die Mobilisierung der Gegenöffentlichkeit

Dem gegenüber steht eine immer kritischere Öffentlichkeit, die sich über das Internet besser, schneller und effektiver denn je organisieren kann. Auch für sogenannte Nischen-Themen lassen sich innerhalb kurzer Zeit breite Gefolgschaften mobilisieren. Was ins Zentrum der Aufmerksamkeit rückt, bestimmen

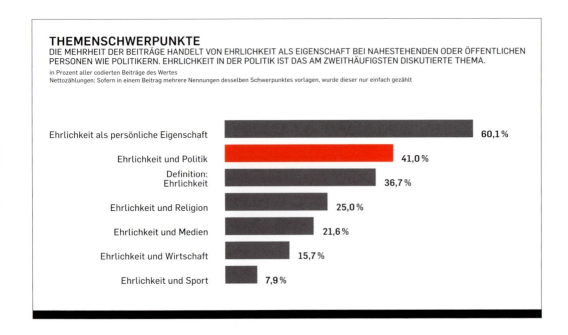

THEMENSCHWERPUNKTE
DIE MEHRHEIT DER BEITRÄGE HANDELT VON EHRLICHKEIT ALS EIGENSCHAFT BEI NAHESTEHENDEN ODER ÖFFENTLICHEN PERSONEN WIE POLITIKERN. EHRLICHKEIT IN DER POLITIK IST DAS AM ZWEITHÄUFIGSTEN DISKUTIERTE THEMA.

in Prozent aller codierten Beiträge des Wertes
Nettozählungen: Sofern in einem Beitrag mehrere Nennungen desselben Schwerpunktes vorlagen, wurde dieser nur einfach gezählt

Thema	Prozent
Ehrlichkeit als persönliche Eigenschaft	60,1 %
Ehrlichkeit und Politik	41,0 %
Definition: Ehrlichkeit	36,7 %
Ehrlichkeit und Religion	25,0 %
Ehrlichkeit und Medien	21,6 %
Ehrlichkeit und Wirtschaft	15,7 %
Ehrlichkeit und Sport	7,9 %

nicht mehr die Medien, sondern die User. Missstände kommen schneller und zuverlässiger ans Tageslicht. Das heißt nicht, dass die Welt schlechter geworden ist, sondern vielmehr, dass die Glaubwürdigkeit der Akteure unter ständiger Beobachtung steht. Immer wieder publik werdende Skandale und Affären vertiefen die seit Jahren andauernde Vertrauenskrise der Institutionen.

Die Wahrheit als unbekannte Variable

Gleichzeitig ist unserer hochkomplexen Welt die „einzig richtige" Wahrheit abhandengekommen. Die Zusammenhänge sind – einerseits durch die Globalisierung und andererseits durch die Informationsflut – so unübersichtlich geworden, dass die Wahrheit zur unbekannten Variablen wird. Alles ist relativ. Was heute richtig war, kann morgen schon falsch sein. Wer „richtig" leben will, scheitert unweigerlich an einer Reihe von Widersprüchen. Standpunkte müssen ständig überdacht und gegebenenfalls korrigiert werden. Ambivalenz wird zur Begleiterin aller wichtigen Entscheidungen.

Authentizität statt Widerspruchslosigkeit

Im vollen Bewusstsein über die Schwierigkeit der Situation sehnt sich der Einzelne dennoch nach klaren Ansagen. Aber nicht Widerspruchslosigkeit, sondern Authentizität führt aus dem Dilemma. Für Unternehmen geht es daher nicht darum, den *richtigen* Standpunkt zu beziehen, sondern einen *eigenen*. Unternehmen vermögen eine Wahrheit zu schaffen, wenn sie ihre Sicht der Dinge und Geschichte überzeugend erzählen und wenn sie argumentieren können – ohne die einzige Wahrheit für sich zu beanspruchen. Das Unternehmen wird greifbar. Der Kunde erfährt dadurch Halt und Orientierung. Gegenseitige Wertschätzung und Vertrauen können entstehen.

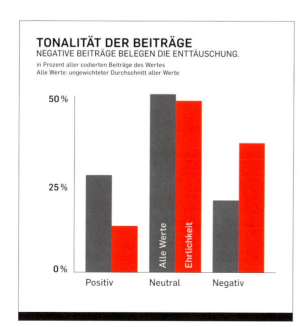

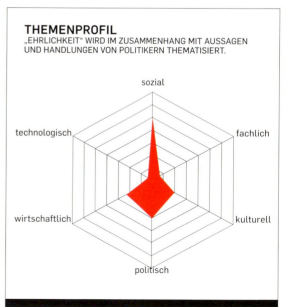

THEMEN
TRANSPARENZ, KLARHEIT, GLAUBWÜRDIGKEIT

1. Ehrlichkeit als persönliche Eigenschaft

Ehrlichkeit als Eigenschaft wird von den Usern am häufigsten am Beispiel von **öffentlichen Personen** diskutiert. Als noch wichtiger als das Aussprechen der Wahrheit gilt der **souveräne Umgang mit eigenen Fehlern.** Fehlverhalten ist entschuldbar, wenn die Person einen **Standpunkt** vertritt und ihre Gründe offen darlegt. Diese Forderung manifestiert sich im Kontext der **Plagiatsaffäre** des ehemaligen Verteidigungsministers zu Guttenberg sowie der Missbrauchsfälle in der katholischen Kirche. User erwarten hier Ehrlichkeit in Form eines **Schuldbekenntnisses** und der Ergreifung adäquater Konsequenzen. Häufig werden in diesem Zusammenhang die gegenteiligen Haltungen **Heuchelei** und **Scheinheiligkeit** thematisiert.

➡ *„als verteidigungsminister das eigene volk zu belügen muss konsequenzen haben."*

Ehrlichkeit in der persönlichen Selbstdarstellung meint in den Augen der User **Offenheit und Klarheit** des eigenen Handelns. Entscheidungen werden dann nachvollziehbar, wenn die Person ihre Absichten von Anfang an

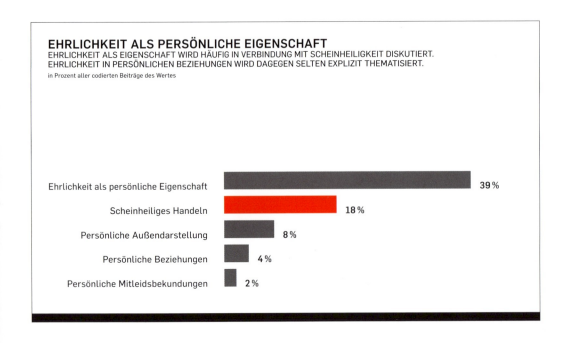

offen kommuniziert. So wird der **Vereinswechsel** eines Fußballspielers nicht als Illoyalität, sondern als **konsequentes Verhalten** gewertet, wenn der Spieler die Fans über seine Motivation und Pläne nicht im Unklaren ließ.

2. Ehrlichkeit und Politik

Glaubwürdigkeit wird als eine der **wichtigsten Anforderungen** an Politiker formuliert. In der User-Diskussion wird sie als das höchste Gut politisch Handelnder bezeichnet, mit dem die Politiker jedoch nicht sorgsam genug umgingen. Häufig wird politischen Parteien **inkonsequentes Verhalten** bei wichtigen Entscheidungen attestiert. Diese Inkonsequenz führen User auf den **Einfluss verschiedener Lobbys** zurück sowie auf die ständige Kursanpassung an die Umfragewerte. Im Fall zu Guttenberg verhielt sich aus Sicht der User seine Partei unglaubwürdig, als sie sich weigerte, **Konsequenzen aus der Affäre** zu ziehen, und damit selbst propagierte Werte wie Leistung und Ehrlichkeit verriet.

> ➝ „anstand, ehrlichkeit und verlässlichkeit sind aus den mündern der politiker nur noch inhaltslose Worte."

Einzelne Politiker werden im Zusammenhang mit Affären oder **wahrheitswidrigen Aussagen** kritisch erwähnt. Politische Lager laufen Gefahr, ihre Glaubwürdigkeit zu verlieren, wenn sie in Konfliktsituationen offensichtlich **interessengesteuert** handeln. Bedenken bezüglich der **Integrität** der Politiker werden von den Usern häufig im Zusammenhang mit dem Nahost-Konflikt oder dem Militäreinsatz im Afghanistan geäußert. So werden Waffenlieferungen an Israel der deutschen Regierung als **Doppelmoral** angekreidet.

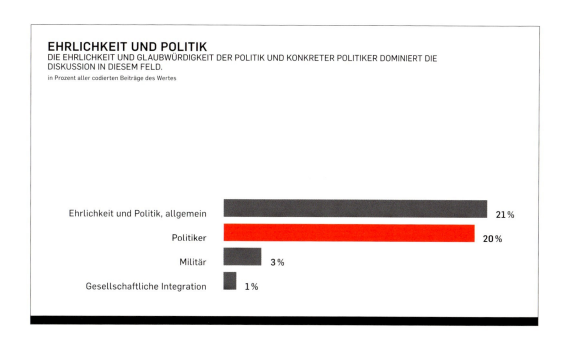

EHRLICHKEIT UND POLITIK
DIE EHRLICHKEIT UND GLAUBWÜRDIGKEIT DER POLITIK UND KONKRETER POLITIKER DOMINIERT DIE DISKUSSION IN DIESEM FELD.
in Prozent aller codierten Beiträge des Wertes

- Ehrlichkeit und Politik, allgemein — 21%
- Politiker — 20%
- Militär — 3%
- Gesellschaftliche Integration — 1%

3. Definition: Ehrlichkeit und Glaubwürdigkeit

Häufigster Anlass zur User-Diskussion ist die **Abwesenheit von Ehrlichkeit und Glaubwürdigkeit.** So befassen sich die Beiträge vorwiegend mit jüngsten **Affären, Skandalen und Betrug.** Der damit einhergehende Glaubwürdigkeitsverlust kann in den Augen der User nur mit einem **authentischen Verhalten** kompensiert werden. Darunter meinen die User primär die **Ehrlichkeit gegenüber sich selbst** als **Voraussetzung für moralische Festigkeit.** So gelang es beispielsweise dem Ex-Radprofi Floyd Landis, der jahrelanges Doping eingestand, die Anerkennung der User zurückzugewinnen.

→ „warum sind die menschen so selten authentisch und ehrlich mit sich selbst? mich nervt diese oberflächlichkeit."

In die Definition der Ehrlichkeit wird neben **Aufrichtigkeit** auch der **Mut zur eigenen Meinung** einbezogen. **Unangenehmes** oder gar **Kontroverses** laut auszusprechen, wie es aus Sicht vieler User Thilo Sarrazin getan hat, stellt für sie ehrliches Handeln dar. Ehrlichkeit kann zudem durch **Transparenz** herbeigeführt werden. Aus Sicht der User untermauert die **Offenlegung von Fakten** die Glaubwürdigkeit der Akteure.

4. Weitere Schwerpunkte

In den User-Beiträgen werden alle gesellschaftlichen Instanzen wie **Staat, Wirtschaft, Medien** und **Kirche** in die Forderung nach mehr Glaubwürdigkeit eingeschlossen. Besonders diejenigen, die Ehrlichkeit von anderen einfordern, werden von den Usern an ihren eigenen **hohen Wertmaßstäben** gemes-

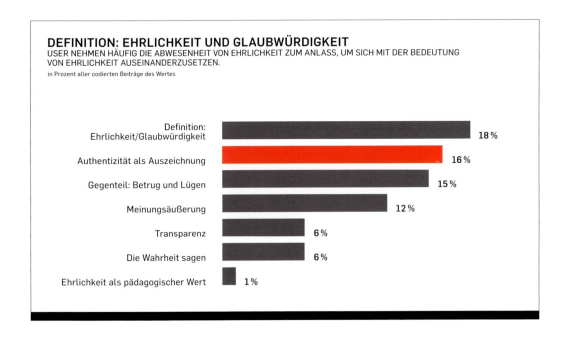

DEFINITION: EHRLICHKEIT UND GLAUBWÜRDIGKEIT
USER NEHMEN HÄUFIG DIE ABWESENHEIT VON EHRLICHKEIT ZUM ANLASS, UM SICH MIT DER BEDEUTUNG VON EHRLICHKEIT AUSEINANDERZUSETZEN.
in Prozent aller codierten Beiträge des Wertes

Definition: Ehrlichkeit/Glaubwürdigkeit	18 %
Authentizität als Auszeichnung	16 %
Gegenteil: Betrug und Lügen	15 %
Meinungsäußerung	12 %
Transparenz	6 %
Die Wahrheit sagen	6 %
Ehrlichkeit als pädagogischer Wert	1 %

sen. Gegenüber Unternehmen offenbaren User relativ **niedrige Erwartungen.** Im Gegenteil: Wer an das Gute in der Wirtschaft glaubt, gilt aus Sicht vieler als naiv. Im Gegensatz dazu wird durchweg mehr **Ausgewogenheit** im professionellen Journalismus eingefordert. Meldungen über Fehlverhalten und Skandale veranlassen User zu **unmittelbaren Reaktionen** im Netz. Das zeigt sich auch darin, dass die Debatte am häufigsten nach redaktionellen Beiträgen stattfindet. Zusammenfassend wird in den Diskussionen der **Wunsch nach mehr Haltung** deutlich. Die User vermissen einen eindeutigen Standpunkt bei den Akteuren.

→ „wenn die medien von macht- und wirtschaftsinteressen korrumpiert sind, muss wikileaks die demokratie überwachen."

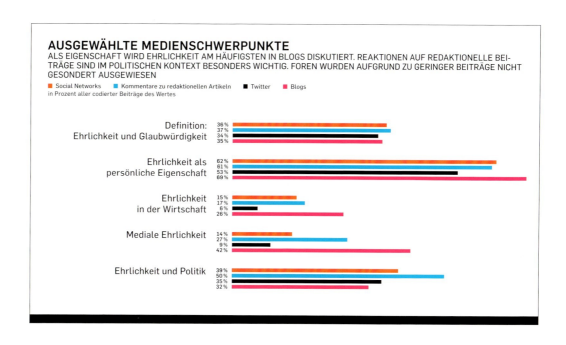

AUSGEWÄHLTE MEDIENSCHWERPUNKTE
ALS EIGENSCHAFT WIRD EHRLICHKEIT AM HÄUFIGSTEN IN BLOGS DISKUTIERT. REAKTIONEN AUF REDAKTIONELLE BEITRÄGE SIND IM POLITISCHEN KONTEXT BESONDERS WICHTIG. FOREN WURDEN AUFGRUND ZU GERINGER BEITRÄGE NICHT GESONDERT AUSGEWIESEN

■ Social Networks   ■ Kommentare zu redaktionellen Artikeln   ■ Twitter   ■ Blogs
in Prozent aller codierter Beiträge des Wertes

	Social Networks	Kommentare	Twitter	Blogs
Definition: Ehrlichkeit und Glaubwürdigkeit	36%	37%	34%	35%
Ehrlichkeit als persönliche Eigenschaft	62%	61%	53%	69%
Ehrlichkeit in der Wirtschaft	15%	17%	6%	26%
Mediale Ehrlichkeit	14%	27%	9%	42%
Ehrlichkeit und Politik	39%	50%	35%	32%

WAS HEISST DAS FÜR UNTERNEHMEN UND MARKEN?

Souveränität und Konfliktfähigkeit beweisen
Wer in unserer hochdynamischen Welt einen klaren Standpunkt einnimmt, zeigt Stärke – auch weil man es so nicht allen recht machen kann. Der Kunde wird die Konsequenz anerkennen, auch wenn er nicht völlig der gleichen Meinung ist. Das gilt auch, wenn Fehler passieren. Denn nur ihre Vertuschung stößt auf Ablehnung. Wer zu eigenen Schwächen steht und daraus entsprechende Konsequenzen zieht – kurz: wer an sich arbeitet –, wird anerkannt. Notwendige Grundlage dafür sind der Wille und die Fähigkeit, Feedback und Kritik tatsächlich umzusetzen, anstatt nur verbal darauf zu reagieren.

Klare Sprache sprechen
Menschen lehnen Bullshit ab. Schwammige Aussagen sind nicht nur uninteressant, sie machen zudem misstrauisch. Klarheit und Geradlinigkeit sind sowohl in Sprache als auch Inhalt der Botschaft gefragt. „Sagen, was Sache ist" – das gilt es vom Statement des Vorstandsvorsitzenden über die klassische Werbung bis zum Mitarbeiter im Shop zu etablieren. Natürlich genauso in der internen Kommunikation. Nur so kann auf allen Ebenen eine authentische Beziehung mit den Kunden aufgebaut werden.

Transparenz schaffen
Transparent zu sein heißt, nichts zu verheimlichen. Wer es dennoch tut, riskiert, dass Dritte ungewollt Transparenz schaffen. Wer von vornherein auf Offenheit setzt, verliert nicht die Kontrolle. Die Offenlegung von Daten und Fakten (z. B. Produktionsbedingungen, Angaben zu Inhaltsstoffen) generiert einen Vertrauensvorsprung und lässt unangenehme Mutmaßungen beim Kunden gar nicht erst aufkommen.

Empfehlungen generieren
Menschen genießen mehr Glaubwürdigkeit als Werbung. Daher gilt es, in Empfehlungen von Kunden an Kunden zu investieren. Jede Unternehmensaktivität muss positives Feedback und eine begeisterte User-Diskussion zum Ziel haben. Produkte müssen im sozialen Netz „viral" werden können, indem man den User dazu bewegt, mit anderen darüber zu sprechen.

VERÄNDERUNG ZU 2009
WAS IST ANDERS?

Der Wert „Ehrlichkeit" schaffte es auf Platz 11 des Werte-Index-Rankings 2012. 2009 wurde der Wert „Ehrlichkeit" als Konnotation von „Authentizität" gemessen.

In der vergangenen Untersuchung wurden Glaubwürdigkeit und Ehrlichkeit sehr stark im Kontext der medialen Berichterstattung diskutiert. 2012 haben aktuelle politische Ereignisse den Medien den Rang abgelaufen. Die Auslöser der aktuellen User-Debatte sind mehrheitlich Skandale und Affären.

In der aktuellen Studie dominieren Skandale und Affären die Diskussion.

Die vor diesem Hintergrund evident gewordene Abwesenheit von Ehrlichkeit im öffentlichen Leben ist Gegenstand der Diskussion. Der Wunsch nach Unabhängigkeit und Glaubwürdigkeit der Medien hat aber auch 2012 Bestand. Zudem erfährt Ehrlichkeit als knappes Gut weiterhin in allen Lebensbereichen große Wertschätzung. Authentizität als die Vermeidung von Künstlichkeit wird 2012 nur selten thematisiert.

BEST PRACTICE

Auf diesem Blog diskutiert **Kathleen Edmond,** ihres Zeichens Best Buy's Chief Ethics Officer, gemeinsam mit Usern Theorie und Praxis der Unternehmenswerte und -kultur von Best Buy. Dabei geht es auch um kritische Fragen, z. B. wie mit Kunden umgegangen werden soll, die einen Fehler von Mitarbeitern bewusst zu ihrem Vorteil ausnutzen. Edmond bezieht und reflektiert ihre Position differenziert und offen – nicht immer zugunsten der Kunden, aber sie erntet dafür deren Respekt. *http://www.kathleenedmond.com/*

Ökologische Verantwortung bedeutet auch, auf Konsum zu verzichten. **Patagonia** meint es mit seiner Verantwortung ernst und launchte im Herbst 2011 die Kampagne „Buy less, buy used". Diese beinhaltet auch eine Kooperation mit eBay, dessen Angebote erstmals im Rahmen einer anderen Marken-Website präsentiert werden. Unternehmensgründer Chouinard kann diesen Schritt auch persönlich begründen: „Ich habe alles Geld, das ich brauche, schon verdient. Dieses Unternehmen gibt es aus anderen Gründen." *http://www.patagonia.com/us/common-threads/reuse*

Als Testfahrer für den neuen **Focus Titanium** von Ford kann sich jeder User qualifizieren – solange er von einem Freund über ein Social Network dazu eingeladen wird. Die Testfahrt selbst führt über einen Parcours. Der Fahrer wird gefilmt und erhält sein Video ein paar Tage nach der Fahrt zugestellt. Fast alle Teilnehmer berichteten über Facebook, Twitter o. a. über ihre Testfahrt. *http://apps.facebook.com/titaniumdrivetest/*

© Yang Liu Design

TRANSPARENZ

Krise und Konsequenz: Banken, Politik, Unternehmen, Medien haben Vertrauen verloren. **In der Wissensgesellschaft fordert der Einzelne mehr Beteiligung, Einfluss und Kontrolle.** Deshalb wird die Organisation von Transparenz zur Machtfrage. **Institutionen:** Taktische Zugeständnisse bei der Offenlegung von Daten und Fakten reichen nicht aus. **Das Internet wird für die User zum Instrument, um in vielen Bereichen von Politik und Wirtschaft Transparenz zu erzwingen.**

2012 auf Platz: **12**
2009 nicht dabei.

TRENDPERSPEKTIVE GLÄSERNE INSTITUTIONEN STATT GLÄSERNE BÜRGER

Steigende Komplexität weckt den Wunsch nach Kontrolle

Das vergangene Jahrzehnt endete für unser System und jeden Einzelnen in einer Vertrauenskrise. Die Globalisierung führte zu einem undurchschaubaren Geflecht von Beziehungen und Geldflüssen. Die Finanzkrise zeigte, dass die Komplexität unseres Sytems ein existenzbedrohendes Ausmaß angenommen hat. Skandale in Politik, Wirtschaft und Medien haben unser Vertrauen in die führenden Akteure zerstört. In dieser Situation wird der Ruf nach Transparenz laut. Tatsächlich steht hinter diesem Ruf vor allem die Forderung nach Macht und Kontrolle.

Transparenz bedeutet Durch- und Überblick

Weil wir unserem System und seinen Repräsentanten nicht vertrauen, wollen wir ihren Einfluss minimieren. Angesichts dieser unsicheren Ausgangsposition ist die beste Strategie, sich ausschließlich auf sich selbst zu verlassen. Wer

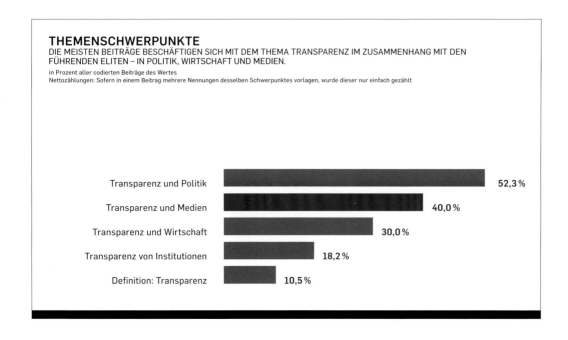

THEMENSCHWERPUNKTE
DIE MEISTEN BEITRÄGE BESCHÄFTIGEN SICH MIT DEM THEMA TRANSPARENZ IM ZUSAMMENHANG MIT DEN FÜHRENDEN ELITEN – IN POLITIK, WIRTSCHAFT UND MEDIEN.
in Prozent aller codierten Beiträge des Wertes
Nettozählungen: Sofern in einem Beitrag mehrere Nennungen desselben Schwerpunktes vorlagen, wurde dieser nur einfach gezählt

Transparenz und Politik	52,3 %
Transparenz und Medien	40,0 %
Transparenz und Wirtschaft	30,0 %
Transparenz von Institutionen	18,2 %
Definition: Transparenz	10,5 %

eigenverantwortlich handelt, braucht eine solide Entscheidungsgrundlage, um das objektiv Beste für sich selbst herauszufinden. Er benötigt die Fähigkeit, andere Interessen zu durchschauen, um sich für das Richtige einsetzen zu können. Transparenz soll den individuellen Durch- und Überblick gewährleisten.

Transparenz zur Überprüfung und Unterordnung

Für Bürger und Konsumenten gilt es, die Macht der Institutionen und Unternehmen einzuschränken. Individuen wollen die Eliten kontrollieren, indem sie sie dazu zwingen, Informationen preiszugeben oder Rechenschaft über ihr Tun abzulegen.

Auf der anderen Seite arbeiten Politik, Wirtschaft und Medien am gläsernen Bürger und Konsumenten. Transparenz meint immer die Transparenz des anderen. Es geht darum, ihn zu durchschauen und damit ihn sich unterzuordnen. Weil wir niemandem mehr glauben können, verlangen wir nach Beweisen. Weil uns das Vertrauen in die Welt abhandengekommen ist, muss die Transparenz einspringen.

Transparenz kann Vertrauen nicht ersetzen

Für Unternehmen gilt es zu erkennen, wann es dem Einzelnen darum geht, mehr Kontrolle über sein eigenes Leben zu erhalten und Augenhöhe zu den führenden Akteuren herzustellen. Die Offenlegung von Daten und Fakten reicht dazu nicht aus. Es ist die Bereitschaft, Kontrolle und Einfluss an den Einzelnen abzugeben.

Zukünftige Machtpositionen können nicht auf Geheimnissen und Verschlossenheit aufgebaut werden, sondern nur auf gegenseitigem Vertrauen. Dieses Vertrauen kann durch Transparenz nicht ersetzt, aber unterstützt werden.

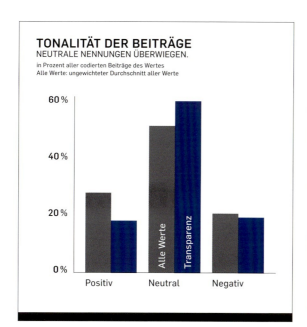

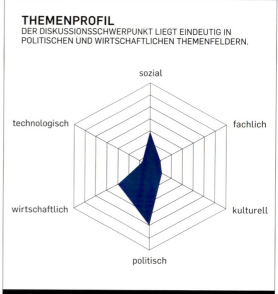

THEMEN TRANSPARENZ UND MITBESTIMMUNG

1. Transparenz und Politik

Das meistdiskutierte Thema ist die Politik. Am häufigsten wird den Politikern die **bewusste Verschleierung** von Tatsachen vorgeworfen, um **eigennützige Interessen** durchsetzen zu können. Transparenz wird im politischen Kontext aber auch vor allem als **Mitbestimmung** diskutiert. Der am prominentesten besprochene Anlassfall ist **Stuttgart 21**. Intransparenten Entscheidungen und der entsprechenden Politik sprechen die User die **Legitimität** ab.

→ „die besprechungen finden hinter verschlossenen türen statt. so viel zum thema transparenz!"

Wer sich für mehr Transparenz im Staat einsetzt, tut dies im Glauben an eine bessere, weil weniger interessengesteuerte Politik – und in der Hoffnung auf eine **bessere Welt.** Als positive Beispiele transparenter Politik werden die Piratenpartei und die Grünen genannt. Für die Sicherstellung einer transparenten politischen Praxis ruft der User nach dem **Gesetzgeber.** Konkrete Forderungen betreffen vor allem die Verwendung von **Steuergeldern,** das Steuersystem selbst

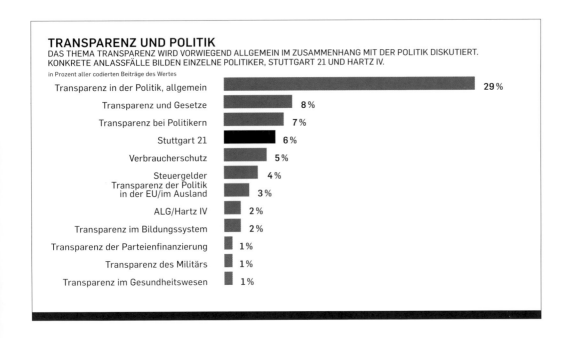

TRANSPARENZ UND POLITIK
DAS THEMA TRANSPARENZ WIRD VORWIEGEND ALLGEMEIN IM ZUSAMMENHANG MIT DER POLITIK DISKUTIERT. KONKRETE ANLASSFÄLLE BILDEN EINZELNE POLITIKER, STUTTGART 21 UND HARTZ IV.

in Prozent aller codierten Beiträge des Wertes

Transparenz in der Politik, allgemein	29 %
Transparenz und Gesetze	8 %
Transparenz bei Politikern	7 %
Stuttgart 21	6 %
Verbraucherschutz	5 %
Steuergelder	4 %
Transparenz der Politik in der EU/im Ausland	3 %
ALG/Hartz IV	2 %
Transparenz im Bildungssystem	2 %
Transparenz der Parteienfinanzierung	1 %
Transparenz des Militärs	1 %
Transparenz im Gesundheitswesen	1 %

sowie die **Gestaltung politischer Entscheidungsprozesse.** Gesetzliche Vorgaben werden auch für die **Wirtschaft** und einzelne **Unternehmen** gefordert.

2. Transparenz und Medien

Klassische Medien stehen für Intransparenz, das **Internet** steht für Transparenz. Auf diese einfache Formel lässt sich die umfangreiche User-Diskussion bringen. Traditionellen Medien – öffentlichem Rundfunk wie Printjournalismus gleichermaßen – wird vorgeworfen, **unlautere Methoden** zu verwenden und eine **unausgewogene Berichterstattung** in Kauf zu nehmen. Beispiele, in denen klassische Medien für mehr Transparenz sorgten, werden eindeutig seltener angeführt. Dem öffentlichen Rundfunk wird darüber hinaus eine intransparente **Unternehmensführung** auf Kosten der GEZ-Zahler vorgeworfen.

→ *„anders als bei e-mails und briefen ist die kommunikation im web 2.0 transparent und für alle nachvollziehbar."*

Das Internet, das eine alternative Öffentlichkeit geschaffen hat, wird hingegen als das **Instrument zur Transparenz** schlechthin geschätzt. **Wikileaks** dominiert die vorwiegend positive Diskussion. Den **Blogger-Journalismus** nehmen User als besonders glaubwürdig wahr, weil sie annehmen, durch implizite und explizite Codices den Autor und seine Interessen zu kennen. Die mit dem Internet einhergehende Problematik der unerwünschten **Verwendung von User-Daten** wird äußerst kritisch diskutiert. Der Wunsch nach Transparenz und **Mitbestimmung** darüber, welche Daten ausgetauscht werden, steht neben der Forderung nach einer völligen **Vermeidung** der Datenerhebung.

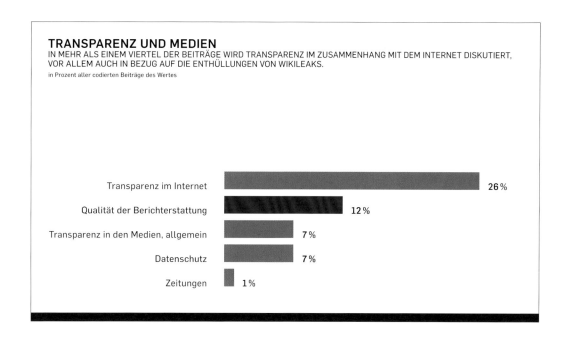

TRANSPARENZ UND MEDIEN
IN MEHR ALS EINEM VIERTEL DER BEITRÄGE WIRD TRANSPARENZ IM ZUSAMMENHANG MIT DEM INTERNET DISKUTIERT, VOR ALLEM AUCH IN BEZUG AUF DIE ENTHÜLLUNGEN VON WIKILEAKS.
in Prozent aller codierten Beiträge des Wertes

- Transparenz im Internet — 26 %
- Qualität der Berichterstattung — 12 %
- Transparenz in den Medien, allgemein — 7 %
- Datenschutz — 7 %
- Zeitungen — 1 %

3. Transparenz und Wirtschaft

Unternehmen genießen in puncto Transparenz einen ähnlich schweren Stand wie die Politik. Konzernen wird unterstellt, an der **Vertuschung von Fakten** interessiert zu sein, um ihren Einfluss zu maximieren. Die Forderungen nach Transparenz von Unternehmen beschränken sich nicht auf die offene Darlegung von Fakten rund um **Produkte** (z. B. Inhaltsstoffe) und **Produktion** (z. B. Verwendung von Gentechnik). Kritisch und detailliert wird das **Verhalten** des Unternehmens abseits des Produkts diskutiert. Im Fokus steht die **Unternehmensstruktur** und damit die Verflechtungen mit anderen Unternehmen oder staatlichen bzw. staatsnahen Institutionen. Darüber hinaus interessiert die User der **Umgang mit Kundendaten** und die **Preisgestaltung.** Transparenz wird als **entscheidendes Kaufkriterium** besprochen.

→ *„habe es nicht geschafft, einen guten iphone-tarif zu finden. die mobilfunker scheinen an einer transparenten tarifgestaltung nicht im geringsten interessiert zu sein!"*

Unternehmensübergreifend wird Transparenz in Bezug auf **Märkte** und **Marktregeln** gefordert, wie z. B. auf dem Energiemarkt oder in der Finanzwirtschaft. Die Durchsetzung all dieser Wünsche und Forderungen erwartet man sich per **Gesetzesbeschluss.**

4. Weitere Schwerpunkte

Mit der Forderung nach mehr Transparenz sind neben Unternehmen, Politik und Medien auch alle anderen Institutionen, die von sich behaupten,

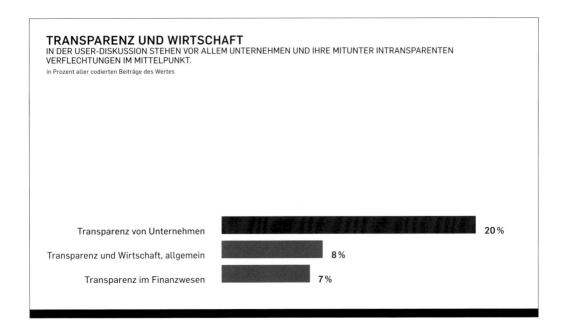

TRANSPARENZ UND WIRTSCHAFT
IN DER USER-DISKUSSION STEHEN VOR ALLEM UNTERNEHMEN UND IHRE MITUNTER INTRANSPARENTEN VERFLECHTUNGEN IM MITTELPUNKT.
in Prozent aller codierten Beiträge des Wertes

Transparenz von Unternehmen	20 %
Transparenz und Wirtschaft, allgemein	8 %
Transparenz im Finanzwesen	7 %

die Interessen anderer zu vertreten, konfrontiert: Das sind vor allem die Kirche, aber auch **Vereine, Non-Profit-Organisationen** und die **GEZ.**

→ „ich muss mich da morgen mal genauer informieren. damit ich weiss, wo mein spendengeld hingeht."

Dabei stehen die **Verwendung von Geldern** (Spenden, Gebühren etc.) sowie Fragen der **Entscheidungsfindung** und **Mitbestimmung** im Vordergrund. Auffällig sind die Versuche, Transparenz explizit zu definieren, die nahezu ausschließlich im **politischen Kontext** angestellt werden. Dominanter ist jedoch die implizite Definition, wenn „Transparenz schaffen" in einem Atemzug mit dem Internet (siehe oben) genannt wird.

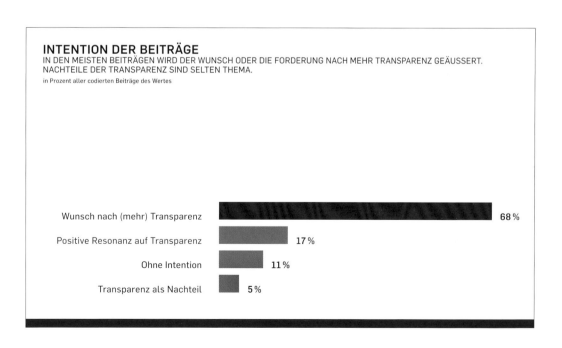

INTENTION DER BEITRÄGE
IN DEN MEISTEN BEITRÄGEN WIRD DER WUNSCH ODER DIE FORDERUNG NACH MEHR TRANSPARENZ GEÄUSSERT. NACHTEILE DER TRANSPARENZ SIND SELTEN THEMA.
in Prozent aller codierten Beiträge des Wertes

- Wunsch nach (mehr) Transparenz — 68 %
- Positive Resonanz auf Transparenz — 17 %
- Ohne Intention — 11 %
- Transparenz als Nachteil — 5 %

WAS HEISST DAS FÜR UNTERNEHMEN UND MARKEN?

Transparenz als Unternehmensidentität
Transparenz wird von Unternehmen häufig als Verteidigungsstrategie angewandt, wenn der Kunde bereits offen sein Vertrauen entzogen hat. Wer Transparenz hingegen als Unternehmenswert lebt, kann diesen Vertrauensentzug im Vorhinein vermeiden. Das setzt die Fähigkeit zur kritischen Selbstreflexion der eigenen Unternehmenswerte in Theorie und Praxis voraus: Wer sind wir? Wer geben wir vor zu sein? Warum wollen wir uns nicht so darstellen, wie wir sind?

Zugänglichkeit und Mitbestimmung einräumen
Die Forderung nach Transparenz meint die Forderung nach Kontrolle und Mitbestimmung durch den Konsumenten. Wer auf Augenhöhe mit seinen Kunden kommen möchte, muss auf Macht und Kontrolle verzichten. Es gilt, eigene Positionen kritisch zu hinterfragen: Welche Informationen müssen wirklich geheim sein? Welche Kundendatenverwertung ist unverzichtbar für den Unternehmenserfolg? Warum können wir bestimmte Dinge nicht ändern, wenn der Kunde sie doch ändern möchte?

Bereitschaft zu Veränderungen
Transparenz ist kein PR- oder Marketingthema, sondern betrifft alle Prozesse und den Kern eines Unternehmens. Wer transparent ist, muss sich darauf einstellen, Dinge verändern zu wollen oder zu müssen. Entweder weil sie in einem Zustand sind, mit dem man gegenüber seinen Stakeholdern nicht leben kann. Oder weil der Kunde die Veränderung wünscht. Transparenz ist kein Monolog, sondern eine Interaktion, zu der eingeladen wird.

Verständlichkeit herstellen
Transparenz erschöpft sich nicht in der Veröffentlichung von Daten. Transparenz setzt Verständlichkeit voraus. Wer Transparenz ernst nimmt, geht sicher, dass sein Adressat die Information entschlüsseln kann. Das gilt für Vertragstexte ebenso wie für das jährliche CSR-Reporting oder Daten-Files. Eine einfache Sprache, Visualisierungen oder interaktive Anwendungen helfen dabei.

Intransparenz begründen
Es gibt Dinge, die sollen nicht öffentlich sein. Der Kunde wird das verstehen, wenn es dafür einen guten Grund gibt. Transparenz bedeutet nicht, alles veröffentlichen zu müssen. Aber sie bedeutet, überzeugend darzulegen, warum man es nicht tut.

VERÄNDERUNG ZU 2009
WAS IST ANDERS?

Der Wert „Transparenz" gelangte 2012 neu in das Ranking des Werte-Index. Daher kann kein Vergleich zu 2009 gezogen werden.

BEST PRACTICE

Morgan Spurlocks **„The Greatest Movie Ever Sold"** zeigt, wie in diesem über Product-Placements finanzierten Film er eben diese Product-Placements an Agenturen und Unternehmen verkauft. Während manche die Offenlegung ihrer Marketingprozesse scheuen, wissen gerade kleinere Marken diese Art der Transparenz für sich zu nutzen. *http://www.sonyclassics.com/pomwonderfulpresentsthegreatestmovieeversold*

Die **Open Government Data**-Bewegung fordert mit zunehmendem Erfolg die öffentliche Zurverfügungstellung staatlich gesammelter Daten. Ziel ist die Auswertung durch jeden Interessierten – und damit eine kritische Beobachtung von z. B. der Verwendung von Budgetmitteln. Darüber hinaus soll die Community mit diesen Daten Anwendungen entwickeln können, die Erleichterungen und Verbesserungen für den Bürger bedeuten. New York City hat für Daten als auch Apps ein eigenes Portal entwickelt. *http://nycbigapps.com/*

„PrivacyVille" vermittelt in spielerischer Form, wie die Betreiberfirma von Facebook-Spielen wie FarmVille oder Mafiawars mit den Daten ihrer User umgeht. Um die User zu motivieren, sich mit den Privacy-Richtlinien zu beschäftigen, gibt es ein Quiz und die Möglichkeit, virtuelle Geldbeträge zu verdienen, die für andere Online-Spiele eingelöst werden können. *http://www.zynga.com/privacy/*

SOCIAL-MEDIA-ANALYSE

FRANZ-JOSEF KILZER

TNS Infratest

MÖGLICHKEITEN UND GRENZEN EINER INNOVATIVEN METHODE

Der Werte-Index hat das Ziel, Ausprägung und Wandel von Werten zu dokumentieren. Auch wenn man davon ausgeht, dass Werte innerhalb eines definierten sozialen Kontextes längerfristig stabil sind und damit Teile einer Kultur ausmachen, so unterliegen sie doch (subkultureller oder individueller) Interpretation und stetem Wandel. Ein „Wert" kann nicht nur von unterschiedlichen gesellschaftlichen Gruppen, sondern auch von ein und demselben Individuum in unterschiedlichen Kontexten anders interpretiert und gelebt werden. Das Projekt Werte-Index hat zum Ziel, diesen Sinngebungen und Umsetzungen nachzuspüren und in einem ersten Schritt die unterschiedlichsten Facetten zusammenzutragen, die einen Wert in einer historischen Situation ausmachen.

Vor- und Nachteile der Social-Media-Analyse

Die Analysen im Rahmen des Projektes sollten auf einer möglichst breiten Basis der Gruppen stehen, die gesellschaftliche Werte leben und ihren Wandel leben. Daher konnten rein qualitativ interpretierende Methoden nicht ausschließliche Informationsquelle sein. Abgesehen von einem definierten Werte-Rahmen und Suchbegriffen sollte die Methode eine möglichst ergebnisoffene Herangehensweise sicherstellen. Sozialwissenschaftliche Methoden arbeiten aber häufig mit einem gewissen Grad an Vorstrukturierung. Angesichts der Kontextabhängigkeit von Antwortverhalten widerspricht dieses Vorgehen jedoch in Teilen den Zielsetzungen des Projektes.

Daher fiel die Wahl der Methode auf die Social-Media-Analyse, worunter wir in diesem Projekt die systematische Analyse von Social-Media-Inhalten verstehen. Die Methode zeigt uns, welche Werte für Menschen so wichtig sind, sie so bewegen, dass sie von sich aus unaufgefordert darüber diskutieren. Sie besitzt für die Zielsetzung des Projektes herausragende Vorteile:

➡ Der Themenfokus wird durch die User gesetzt, nicht durch Forscher.
➡ Offene Meinungsäußerungen: User nehmen kein „Blatt vor den Mund", sondern sprechen (anonym) auch einmal an, was man anderorts nicht äußert.
➡ Niedrige Zugangsschwellen (Kosten, Kenntnisse) ermöglichen eine breite Nutzerschaft.
➡ Breiter Internet-Zugang annähernd aller Altersgruppen.

Angesichts dieser Vorteile treten methodische Nachteile wie die Konzentration auf auskunftsfreudigere Onliner in den Hintergrund. Wenngleich im Rahmen des vorliegenden Projektes eine Quantifizierung auf Basis einer breiten Stichprobe von Beiträgen durchgeführt wird, kann nicht von Repräsentativität gesprochen werden. Es handelt sich um eine Momentaufnahme von Social-Media-Beiträgen, die für einen bestimmten Zeitraum auf einer bestimmten Analyseplattform vorlagen.

Arbeitsweise von Social-Media-Research

Die Social-Media-Analyse nutzt als Datenbasis die Einträge, die Nutzer unterschiedlicher Medien und Instrumente im Internet hinterlassen. Diese werden inhaltsanalytisch ausgewertet. Im vorliegenden Projekt werden sie als grundsätzliches Werkzeug sozialwissenschaftlicher Erkenntnisgewinnung eingesetzt.

Social-Media-Analysen orientieren sich im Ablauf an den grundsätzlichen Schritten einer empirischen sozialwissenschaftlichen Erhebung, von der Formulierung des Erkenntnisinteresses, der Erstellung eines Forschungsdesigns, der Festlegung der Informationsquellen über die Beschaffung und Aufbereitung der Informationen bis hin zur Analyse und Interpretation der Daten.

Manuelle Textanalyse versus „automatisierte" Verfahren

Im Rahmen von Social-Media-Analysen haben sich folgende Analyseverfahren etabliert:

➡ Frequenzanalysen, Buzzword-Analysen: liefern einfache oder relationale Häufigkeiten (z. B. der Suchwörter, bereinigter Schlagwörter);
➡ Sentiment-Analysen: ordnen die gefundenen Beiträge danach ein, ob sie eine positive, neutrale oder negative Tonalität besitzen;
➡ Kategorisierungsverfahren: Mithilfe von Textmining und anderen statistischen Verfahren werden Kategoriensysteme erarbeitet, in die Beiträge „automatisch" eingeordnet werden.

Nach Sichtung einer umfangreichen Stichprobe von Beiträgen und ihren Strukturen (siehe auch unter „Methodik: Besonderheiten des Projektes" auf Seite 138) wurde von „automatisierten" oder „teilautomatisierten" Analysen Abstand genommen, da sie zu ungenau sind und der Struktur der Texte und ihrer Probleme nicht ausreichend Rechnung tragen können. Die Beiträge zu den Werte-Themen wurden daher manuell inhaltsanalytisch ausgewertet.

METHODIK

BESONDERHEITEN DES PROJEKTES

Methodische Vorgehensweise

Das Interesse der Analyse lag auf der möglichst ausschließlichen Betrachtung von User-Meinungen. Social Media werden neben der privaten Meinungsäußerung mittlerweile aber sehr vielfältig genutzt.

Im Rahmen der detaillierten Sichtung von Beiträgen traten eine Menge von Besonderheiten und Problemen zutage (siehe unten), die letztlich zu der Entscheidung führten, die Inhaltsanalysen auf eine Textanalyse zu konzentrieren und über manuelles Coding durch interpretierende Menschen durchzuführen. Die Forschungsschritte im Detail:

→ Operationalisierung der Werte über Suchbegriffe
→ Medienauswahl
→ Erste Suche nach Beiträgen (über die Social-Media-Plattform SM2 der Firma Alterian), erste Sichtung und Formulierung von Excludes, Quellenbereinigung
→ Download von Beiträgen je Wert (variierend von 2000 bis über 90 000 Beiträgen je Wert)
→ Erstellung von Codeplänen (anhand einer Stichprobe an Beiträgen), Stichprobenziehung für das manuelle Coding
→ Individuelle Sichtung der Beiträge und manuelle Codierung einer Stichprobe von 1100 bis 1600 Beiträgen je Wert (über eine Coding-Datenbank, die den Rückgriff auf die Originalbeiträge im Web-Format ermöglicht)
→ Quantitative Analyse der codierten Beiträge
→ Qualitative Analyse einer Stichprobe von 80 bis 110 „typischen" Beiträgen für die jeweligen Werte und ihre Untergruppierungen

Besonderheiten der Einträge als Begründungen der „manuellen" Inhaltsanalyse

→ Limitierter Zugang zu manchen Quellen: Manche Quellen sind nur eingetragenen Nutzern zugänglich. Aus forschungsethischen Gründen konzentriert sich die Analyse aber nur auf öffentlich zugängliche Beiträge, die anonymisiert analysiert wurden.

➡ Anzahl und Umfang der Beiträge: Die Anzahl der Beiträge je Wert variierte ebenso wie die Länge der einzelnen Einträge (Postings).

➡ Trackback-Funktionen: erschweren die zweifelsfreie Zuordnung von Postings zu vorab definierten Quellen und machten eine zusätzliche Quellenbereinigung notwendig.

➡ Doppelte Beiträge: Viele Nutzer stellen ihre Beiträge mehrfach ins Netz (z. B. auf verschiedenen Plattformen, an verschiedenen Daten); soweit möglich wurden diese bereinigt, um vom Aktivitätsgrad einzelner Nutzer unbeeinflusste Ergebnisse zu erhalten.

➡ Werbeeinträge: Werbung oder werbliche Links auf andere Seiten stellen keine Nutzermeinungen dar, sind aber erst beim Lesen als solche erkennbar.

➡ Trennung redaktioneller Inhalte von User-Meinungen: Über einfache Downloads stehen diese häufig in derselben (Text-)Datei und müssen nachträglich getrennt werden, da wir nur an den User-Kommentaren interessiert waren.

➡ Trennung einzelner Einträge (Posts) im Rahmen komplexerer zusammenhängender Diskussionen (Threads). Dasselbe Problem: Es kann nur über die Sichtung der Beiträge (häufig bloß in der Original-Webansicht unterscheidbar) gelöst werden.

➡ Suchbegriffe: Einzelne Suchbegriffe (z. B. Status, transparent) werden auch anders genutzt (z. B. Status als Teil der URL auf Twitter), was zu Verzerrungen führen kann.

➡ Sonderprobleme Twitter: Die Längenbegrenzung führt häufig zu verdichteten, schwer interpretierbaren Einträgen, Verschlagwortung (zum schnellen Auffinden) ohne weitergehende inhaltliche Äußerung. Re-Tweets (= einfaches Wiederholen/Weiterleiten des Beitrages einer anderen Person) wurden nicht als eigenständige Meinungsäußerung interpretiert.

➡ Sprachliche Vielfalt und sprachlicher Wandel: Suchbegriffe tauchen auch in Kombinationen oder Sprachnutzungen auf, die nicht im Sinne des gesuchten Inhalts sind (z.B. „das ist echt krank" ist weder im Sinne von „Echtheit" noch „Gesundheit/Krankheit" interpretierbar). Social-Media-Plattformen erlauben es in Grenzen, über Ausschlüsse/Excludes derartige Begriffskombinationen auszugrenzen. Die Fülle derartiger Sprachnutzungen und die sprachliche Kreativität der Nutzer setzen dem aber enge Grenzen, sodass über Suchprogramme nur ein Teil dieser (falschen) Beiträge ausgeschlossen werden kann, und wenn, dann als Ganzes (selbst wenn im restlichen Beitrag relevante Inhalte stehen).

Festlegung der einzubeziehenden Quellen und Instrumente

Die Quellen und Instrumente sollten eine möglichst breite thematische Ausrichtung besitzen, sich auf einen konkreten zeitlich-historischen Kontext beziehen und gleichzeitig von einem möglichst großen User-Kreis genutzt werden. Die in die Studie einbezogenen Beiträge beziehen sich daher auf

➡ einen vorgegebenen Zeitrahmen (1. März 2010 bis 28. Februar 2011), innerhalb dessen der Beitrag erschienen ist;

➡   Quellen und Instrumente mit allgemeiner gesellschaftlicher und politischer Ausrichtung;
➡   reichweitenstarke Quellen (Top-Sites aus dem Alexa Ranking, **http://www.alexa.com**) für Deutschland vom März 2011 sowie Top-Plätze aus den Deutschen Blogcharts **(http://www.deutscheblogcharts.de)**. Hierbei wurde versucht, eine weitgehende Übereinstimmung mit den Quellen der Untersuchung von 2009 herzustellen.

Die Quellen wurden im Vorfeld auf das Vorliegen öffentlicher und zugänglicher Einträge geprüft. Für die Analyse wurden nur öffentlich zugängliche Beiträge herangezogen, es wurde bewusst darauf verzichtet, über das Anlegen virtueller Nutzer-Accounts Zugang zu weiteren Posts zu erhalten. Eine Auflistung der einbezogenen Quellen und Instrumente kann über die Autoren bezogen werden. Sie stellen eine Mischung aus Microblogs (Twitter), Blogs, Foren, Social Networks und Kommentarfunktionen zu redaktionellen Inhalten von Online-Medien dar.

Definition der Suchbegriffe

Innerhalb der definierten Quellen und des festgelegten Zeitraumes wurden Beiträge gesucht, die spezifische, für die jeweiligen Werte als grundlegend angesehene Suchbegriffe beinhalteten. Die Suchbegriffe (als „Einstieg" in den Wert) sollte bestimmten Kriterien genügen. Die Begriffe sollten möglichst nahe am eigentlichen Wert liegen, aber dennoch eine möglichst breite inhaltliche Aussagekraft haben. Sie mussten unterschiedliche Pole eines Wertes abbilden (also einschließlich Negationen/Antonymen: z. B. gegensätzliche Bedeutungen wie „ehrlich" – „unehrlich") und sein Auftreten in unterschiedlichen sprachlichen Variationen (z. B. Substantive, Adjektive etc.) abdecken. Daneben durften sie der Vergleichbarkeit wegen nur in begründeten Ausnahmefällen von den Suchbegriffen aus dem Jahr 2009 abweichen. Eine Auflistung der einbezogenen Suchbegriffe kann über die Autoren bezogen werden.

GLOSSAR

Der Werte-Index 2012 basiert auf der Kombination quantitativer und qualitativer Untersuchungsmethoden. Die quantitativen Ergebnisse geben wichtige Anhaltspunkte für die Einschätzung der Werte-Diskussion. Folgende Diagramme illustrieren in jedem Werte-Kapitel die quantitativen Resultate.

TONALITÄT

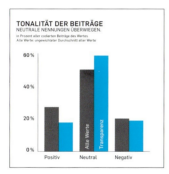

Die Säulen geben Aufschluss darüber, ob ein User-Beitrag, der den Wert thematisiert, insgesamt eine positive, negative oder neutrale Tonalität aufweist. Vorhandene automatische Verfahren können die User-Sprache nicht verlässlich genau interpretieren. Daher wurde die Kategorisierung von Analysten übernommen.

THEMENPROFIL

Die Dokumente der identifizierten Diskussionsschwerpunkte wurden thematischen Kategorien zugeordnet. Die jeweiligen Anteile an der Gesamtzahl der Dokumente, die dem Wert zugerechnet werden, bestimmen den Ausschlag des Profils. Dadurch können Diskussionsschwerpunkt leichter identifiziert und zwischen den Werten vergleichbar gemacht werden. Die Kategorisierung wurde von Analysten vorgenommen.

THEMENSCHWERPUNKTE

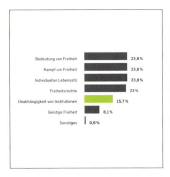

Die Balken zeigen die jeweilige Häufigkeit der Dokumente, die einem identifizierten Thema zugeordnet werden können. Dargestellt werden die Anteile an der Anzahl aller Dokumente der Stichprobe des jeweiligen Wertes. Die Einschätzung der Themen-Priorität wird möglich.

MEDIENSCHWERPUNKTE

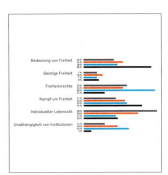

Die Balken zeigen die Häufigkeit, mit der einzelne Themenschwer-punkte (s. o.) in spezifischen Medien diskutiert werden. Dargestellt werden die Anteile des Themas an allen Dokumenten in dem Medium zum jeweiligen Wert. Die Medienzuordnung stammt aus einer Charakterisierung des Anbieters. Die Einschätzung der Medienschwerpunkte wird möglich.

ZITATE

Die zitierten Usermeinungen stellen nur einen Ausschnitt der vorgefundenen Meinungen zum jeweiligen Wert dar. Sie wurden qualitativ ausgewertet und verstehen sich als Beispiele für typische Usernennungen. Die Einstufung als „typische" Nennung fand von den Analysten statt, die sämtliche Beiträge eines Wertes gelesen hatten. Alle User-Zitate in den Werte-Kapiteln sind sinngemäß, aber nicht zwingend wortwörtlich wiedergegeben.

➡ „ich muss mich da morgen mal genauer informieren. damit ich weiss, wo mein spendengeld hingeht."

PROJEKTPARTNER

TRENDBÜRO

Trendbüro ist eine international arbeitende Trendforschungs- und Marketingberatungsagentur mit Sitz in Hamburg. Seit 1992 hilft Trendbüro Unternehmen, Trends in Gesellschaft und Konsum zu analysieren, um frühzeitig neue Marktchancen zu erkennen, Marken und Produkte aktuell zu halten sowie Trends gewinnbringend in die Produktentwicklung einzubeziehen.

Das Ergebnis sind kreative Strategien und Konzepte, die veränderten Umfeldbedingungen, Bedürfnissen und Werten von Konsumenten Rechnung tragen. Seit 2008 verwendet Trendbüro die Methode der Social-Media-Analyse für seine Arbeit. Aktuelle Publikationen von Trendbüro sind u. a. die Otto Group Trendstudie 2011 „Verbrauchervertrauen – Auf dem Weg zu einer neuen Wertekultur" sowie „2037 – Unser Alltag in der Zukunft" (edition Körber Stiftung).

TNS INFRATEST

TNS Infratest ist Mitglied der TNS Gruppe (Taylor Nelson Sofres, London) und gehört damit zu einem der führenden Marktforschungs- und Beratungsunternehmen der Welt. Für seine Auftraggeber aus den Bereichen Automobil und Verkehr, Pharma, IT/(Tele-)Kommunikation und neue Medien, Finanzforschung, Konsumgüter sowie aus der Medien-, Politik- und Sozialforschung liefert TNS Infratest „Beratung durch Forschung" und damit den innovativen Management-Support für Wissensvorsprung und Entscheidungssicherheit.

AVANTGARDE

Avantgarde wurde 1985 in München gegründet und ist eine eigentümergeführte, global operierende Kommunikationsagentur mit Fokus auf Erlebnismarketing. Über 400 Mitarbeiter an 15 Standorten rund um den Globus arbeiten an außergewöhnlichen Brand-Experiences.

Avantgarde versteht sich als strategischer Partner für integrierte, langfristig orientierte Kampagnen-Planung unter Verwendung aller relevanten Kanäle. Die Entwicklung innovativer und kreativer Lösungsstrategien steht im Fokus. Die Umsetzung basiert auf einem strategischen, konstanten Austausch mit Zielgruppen und einem umfassenden und tief gehenden Markenverständnis. Zu den langjährigen Kunden zählen international renommierte Marken wie Bosch, Wrigley, Philip Morris und o2.

TEAM TRENDBÜRO

PETER WIPPERMANN, Gründer von Trendbüro, lehrt seit 1993 als Professor für Kommunikationsdesign an der Folkwang Universität der Künste. Er ist Autor zahlreicher Publikationen und der Initiator des Trendbüro Werte-Index.

MARIA ANGERER ist selbstständige Trend- und Innovationsberaterin für Gesellschafts- und Konsumententrends sowie in den Bereichen neue Medien und Arbeit/Organisation. Sie betreute als Forschungsleiterin u. a. den Werte-Index 2009 und 2012.

KATHARINA MICHALSKI, Gründerin von brand foresight, spezialisiert sich auf trendbasierte Markenberatung. Sie befasst sich mit Veränderungen im Umfeld der Marke und leitet daraus Ansätze zur Markeninnovation ab.

DIRK BATHEN hat bis Oktober 2011 in der Geschäftsführung des Trendbüros Research- und Beratungsprojekte im Bereich Consumer-Insights, Marketing- und Innovationsforschung geleitet sowie Methoden- und Produktentwicklung auf diesen Gebieten.

BIRGIT GEBHARDT widmet sich der Anwendung des Werte-Index auf Kundenseite. Birgit Gebhardt ist seit 2007 im Trendbüro als Geschäftsführerin tätig und Autorin des Buches „2037. Unser Alltag in der Zukunft."

NORBERT BOLZ ist Medienphilosoph und lehrt am Institut für Sprache und Kommunikation der Technischen Universität Berlin. Norber Bolz erforscht den gesellschaftlichen Wertewandel und generierte das Werte-Set des Werte-Index 2012.

TEAM AVANTGARDE

MARTIN SCHNAACK hat die Avantgarde Gesellschaft für Kommunikation gegründet. Diese ursprünglich als Event-Dienstleister positionierte Agentur hat er zu einer der erfolgreichsten inhabergeführten Full-Service-Agenturen in Deutschland ausgebaut.

TEAM TNS INFRATEST

 JENS KRÜGER ist Geschäftsführer bei TNS Infratest. Er verantwortet in dieser Funktion den Sektor Consumer&Retail. Der studierte Soziologe und Sozialpsychologe ist seit 1995 bei TNS Infratest in verschiedenen Positionen tätig, sein Forschungsschwerpunkt liegt in den Bereichen Consumer-Insights, Kommunikation und Werbung. Neben seiner Tätigkeit bei TNS Infratest ist er in mehreren Fachorganisationen/Beiräten tätig, u. a. im Nestlé-Zukunftsforum, Markenverband, VKE etc.

 FRANZ-JOSEF KILZER ist selbstständiger Marktforschungsberater. Er studierte Soziologie und war viele Jahre als Marktforscher in leitender Position für TNS Infratest tätig. Seine Arbeitsschwerpunkte liegen auf Beratungs- und Researchprojekten im Bereich Consumer-Insights. Sein besonderes Interesse gilt den Wechselbeziehungen von Social Media und Marken/Zielgruppen. Er betreute die vorliegende Studie für TNS Infratest

 SUSANNE KLAR ist Senior Consultant im Digital Center bei TNS Infratest. Nach langjähriger Erfahrung in verschiedenen Bereichen der Marktforschung hat sich ihr Aufgabenbereich in den vergangenen Jahren auf die Entwicklung und den Einsatz digitaler Methoden in der Marktforschung konzentriert. Ihr Schwerpunkt liegt dabei auf der Erforschung der Internet-Nutzung über Social-Media-Monitoring und die Messung von Clickstream-Daten.

ART-DIREKTION

 JÜRGEN KAFFER, Jahrgang 1956, gelernter Schriftsetzer. Mitbegründer von Büro Hamburg und Trendbüro. Als Art-Direktor betreute er u. a. Zeitschriften wie Greenpeace Magazin, ADAC Reisemagazin, Lufthansa Magazin sowie Geschäftsberichte und Bücher. Zurzeit ist er als Leiter eines Grafik-Ateliers bei G+J Corporate Editors tätig.

ARTWORK

 YANG LIU ist Designerin, Bestseller-Autorin und Professorin. Nach ihrem Studium in Berlin arbeitete sie als Designerin in Singapur, Berlin, London und New York. Anschließend gründete sie ihr eigenes Designstudio in Berlin.